国家中等职业教育改革发展示范学校规划教材·会计专业

会计综合实训——基础篇

主　编　何素花

副主编　吕玉杰　邱　蕾

7504756852

中国财富出版社

图书在版编目（CIP）数据

会计综合实训. 基础篇/何素花主编 . —北京：中国财富出版社，2015.3
（国家中等职业教育改革发展示范学校规划教材）
ISBN 978 - 7 - 5047 - 5665 - 7

Ⅰ.①会…　Ⅱ.①何…　Ⅲ.①会计学—中等专业学校—教材　Ⅳ.①F230

中国版本图书馆 CIP 数据核字（2015）第 087523 号

策划编辑	王淑珍	责任编辑	葛晓雯		
责任印制	方朋远	责任校对	梁　凡	责任发行	斯　琴

出版发行	中国财富出版社		
社　　址	北京市丰台区南四环西路 188 号 5 区 20 楼	邮政编码	100070
电　　话	010 - 52227568（发行部）	010 - 52227588 转 307（总编室）	
	010 - 68589540（读者服务部）	010 - 52227588 转 305（质检部）	
网　　址	http://www.cfpress.com.cn		
经　　销	新华书店		
印　　刷	北京京都六环印刷厂		
书　　号	ISBN 978 - 7 - 5047 - 5665 - 7/F · 2424		
开　　本	787mm×1092mm　1/16	版　次	2015 年 3 月第 1 版
印　　张	16.5	印　次	2015 年 3 月第 1 次印刷
字　　数	244 千字	定　价	38.50 元（含活页手册）

国家中等职业教育改革发展示范学校
规划教材编审委员会

前　言

　　职业教育的根本任务是培养以就业为导向、以能力为本位的高素质技能型人才。在职业教育中，实践教学是非常重要的环节之一。本教材遵循教育部颁布的中职学校会计专业教学指导方案，依据现代职业教育先进理念，按照工作过程系统化项目教学法，结合职业能力准入、职业能力培养、职业能力提升的教育规律，适合中职会计专业学生的实训教学。该教材对于培养和提高会计专业学生的会计实际操作能力，实现学校教育与实际会计工作的有效结合，起着较为有力的推动作用。

　　本教材为《会计综合实训——基础篇》，根据中职学生的学习规律，选择了业务较为简单的商品流通企业为实训背景，采用跨年度连续三个月的经济业务为实训资料，以时间作为实训载体，依次经过教师指导操作、学生初步独立实操到能够独立熟练操作的过程，完成从建账开始，直到编制会计报表的一系列会计业务流程，为学生进入会计岗位协岗顶岗之前，进行一次全方位会计仿真模拟训练，使学生对会计岗位工作职责及业务处理有一个明确的感性认知与体验。教材分为4个项目，每个项目又设计了相应的任务，通过任务描述、任务准备、任务指导、任务评价等环节，引导学生一步步开展会计实训的学习和操作，具有较强的可操作性和指导功能。

　　本书在编写过程中，力求体现以下特点：

　　（1）仿真性强。教材选择流通企业为典型工作案例，通过学生日常熟悉的电子产品购销业务及全部真实原始凭证为业务资料，便于学生工作后迅速进入工作状态。

　　（2）实用性强。本书在任务指导环节，设计安排了便于学生学习和操作的指导性方法与实训步骤，学生通过教材学习和教师的指导，即能开始实训任务。

　　（3）体例新颖。本书按照最新职业教育理念，按照工作过程系统化三部曲设计教学章节，打破传统编写惯例，便于学生学习、熟悉、提高，符合中职学生的身心特点。

　　（4）校企联合，深度合作。本书在编写过程中，吸纳了在企业工作多年的具有丰富实践经验的专家联合编写，再次将校企合作引向深入。

　　本书由何素花担任主编，吕玉杰、邱蕾担任副主编。项目一、项目二由何素花编写，项目三由吕玉杰、孙艳、李小香、韩亚培（上海立信会计师事务所河北分所）编写，项目四由邱蕾、姬玉倩、尹静、盖博（爱丁数码软件有限公司销售总监）编写；全书最后由何素花校稿并完成定稿工作。感谢用友新道科技有限公司在教材编写方面给予的大力指导。

　　由于编写时间仓促，加之作者编写水平有限，不妥之处在所难免，敬请广大读者批评指正。

编　者
2014 年 12 月

目　录

项目一　走进实训

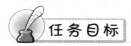

【知识目标】

1. 了解会计综合实训的业务流程；

2. 熟悉会计综合实训的业务要求；

3. 检测和巩固会计的专业知识。

【能力目标】

1. 学会运用会计实际操作业务流程；

2. 学会独立分辨实训耗材并购买实训耗材。

【情感目标】

1. 培养团队意识和良好的合作态度；

2. 培养与人沟通的能力；

3. 培养认知自我，完善自我的能力。

任务一　会计综合实训的组织与要求

任务描述

了解会计综合实训的特点，明确会计综合实训的目的，熟悉会计综合实训的内容、流程与要求，确定做好会计综合实训的准备工作，并通过实际操作进行运用，尽快进入实训状态。

1. 会计专业教材；

2. 学生实训作品；

3. 小组文化建设作品。

任务指导

一、会计综合实训的目的

会计综合实训是会计专业学习过程中一个极为重要的实践性教学环节。通过会计综合实训，使学生了解会计在社会实践活动中的系统运用，增强学生对会计工作的感性认识，培养和锻炼学生综合运用会计基本技能、会计基本理论和会计基本方法独立分析和解决实际问题的能力，把理论和实践结合起来，更好地运用所学的知识。

（1）理论联系实际，增强独立开展会计工作的能力。通过会计综合实训操作，使学生加强对会计基本理论的理解、会计基本方法的运用和会计基本技能的训练，使其把书本知识和实际业务处理进行对照比较，加深认识，达到理论教学和会计实务的统一，增强学生毕业后独立从事会计工作的能力。

（2）严格基本技能训练，提高实际操作能力。通过会计综合实训操作，使学生身居实际会计工作岗位，对其生产经营过程中的各经济业务环节的处理进行一次全面系统的演习，以提高学生记账、算账、报账、用账的实际操作能力。

会计综合实训的具体目的是通过实训，使学生全面、系统地掌握记账凭证核算程序下的会计循环，即证、账、表的基本操作技能。明确原始凭证应具备的基本要素，熟悉部分有代表性原始凭证样式，掌握原始凭证填制和审核的基本操作技能；掌握会计分录并填制记账凭证基本操作技能；明确账簿的种类和基本结构，熟悉登记账簿的一般要求，掌握会计账簿启用、设置、登记以及对账和结账的基本操作技能；明确资产负债表、利润表的理论基础，熟悉这两张主表的基本结构和编制依据，掌握这两张表编制的基本操作技能。全面培养学生的识证能力、制证能力、登账能力和编制会计报表能力，从而加深对会计的基本理论、基本知识、基本方法的掌握与运用，提高会计业务技能，形成会计责任观念。

二、会计综合实训的组织

会计综合实训组织主要包括实训环境布置、实训物品准备、实训人员安排三个方面。

（一）实训环境布置即实训场地的布置

根据教学条件、实训人数和实训要求确定实训场地，进行实训环境的布置。

（二）实训物品准备

1. 实训耗材（见表 1－1）

表 1－1　　　　　　　　　　实训材料和用具一览表

实训材料及用具	数量	实训材料及用具	数量
收款凭证	2本/人	利润表	3张
付款凭证	2本/人	记账凭证封皮	3张
转账凭证	3本/人	装订线	8团
总　账	1本	锥子	8个
数量金额式明细账	30张	胶水	2瓶/1人
三栏式明细账	120张	小刀	1把
应交增值税明细账	10张	直尺	1把
固定资产明细账	10张	夹子或回形针	2个
低值易耗品明细账	5张	红色墨水笔	3支
多栏式明细账	20张	黑色墨水笔	5支
资产负债表	3张	档案袋	1个

注：空白账证表均已包含机动数20%～50%。

2. 实训教材
3. 会计办公用品
会计办公用品包括模拟企业公章、财务专用章、个人名章、装订机等。

（三）实训人员安排

根据实训班级人数和实训环境，将实训学生分成若干实训小组。具体分组以4～6人为一组，按照好、中、差学生搭配，男女生融合的原则，每组确定两个组长，一人负责业务指导，接受教师任务和指导全组同学完成任务，一人为行政组长，负责组织、协调和沟通工作，记录实训手册，考核实训业绩。

三、会计综合实训评定标准与考核形式

实训成绩的考核是会计综合实训系统的重要环节。它是提高实训质量、促进实训过程良性运转的有力保证。为此，建立了一套科学合理、行之有效、易于操作的实训考核体系，将实训要求与实训项目完成的质量进行指标量化，按量化指标和规定的评分程序，对每一个学生的实训运作全过程进行考核并评定成绩。

（一）确定考核项目

实训考核项目的确定，决定了该项实训的要求、环节和内容。可供参考的考核项目设置如下：

1. 实训纪律

具体的实训制度的遵守情况和实训课堂表现等方面。严格的实训纪律是模拟实训有序进行的重要保证。没有一个好的实训纪律，就难以取得良好的实训效果。

2. 实训日记

在实训过程中，要求学生结合实验内容撰写实验日记。通过该环节来调动学生运用会计理论认识和解决实际问题的能力。同时，实训日记也是编写实训报告的基本素材。

3. 实训技能

它是会计模拟实训的核心。具体内容包括填制会计凭证，登记账簿，编制会计报表和财务情况说明书，装订会计档案，以及会计凭证设计，会计程序分析，会计方法分析等内容。

4. 实训报告

它是完成会计模拟实训全过程的书面总结，该环节主要考核学生能否以某一个或某几个实训项月的内容作为中心论题，准确地描述各种不同性质经济业务账务处理的依据及其与相关会计制度和会计政策的内在联系，能否结合实训内容的重点和疑点，提出问题，分析问题，并提出切合实际的改进措施和建议。

（二）会计综合实训操作规范及评分标准

1. 会计模拟实训操作规范

（1）综合实训操作等同于实际工作，应按照会计核算程序及有关规章制度，认真填制会计凭证，登记会计账簿并编制会计报表。

（2）综合实训时，必须先认真思考理解题意及要求再动手操作，做完后要认真检查，防止遗漏和错误。

（3）实习用的各种凭证、账簿、报表一律使用统一格式，凭证、账簿以及报表的项目要按有关规定填写清楚、完整。

（4）在填制会计凭证，登记账簿和编制会计报表时，除按规定必须用红色墨水笔外，所有文字、数字都应使用黑（蓝黑）墨水笔书写；填写现金支票，转账支票必须使用黑色墨水笔。

（5）在进行数字计算时，提倡运用算盘计算，以熟练计算技术，为今后做实际工作打好基础。

（6）书写有错误时，应按规定方法改正，不得任意涂改、刮、擦、挖、补，按正确方法改正之后须在修改过的地方加盖自己的印章。

（7）文字和数字的书写要正确、整洁、清楚、规范。

（8）要按规定的时间完成模拟实务训练的全部任务。

2. 会计综合实训成果验收标准

（1）指标设置及分值结构。依据实验大纲的要求，结合会计实训操作的具体特点，对会计综合实训成果的验收及考评，可供参考的考核指标及其对应考评分值设置为：记账凭证、账簿、实习报告、加分因素及考勤六个部分，考评分值前四项分别为30分、30分、15分、25分，加分累计不超过15分，考勤按照缺勤次数计负处。

（2）对各考评指标的具体要求。

①记账凭证。

a. 年、月、日及编号是否齐全、连续。

b. 是否说明了附件张数。

c. 同号分页记账凭证是否按 $1/n$，$2/n$，…，n/n 编号。

d. 一笔经济业务使用多张记账凭证连续记录时格式是否正确。

e. "制单""记账""审核"处是否填写姓名。

f. 记账后是否标有记账符号"√"。

g. 明细成本项目是否齐全、正确。

h. 一张记账凭证上不许有两处更改或错误。

i. 以上要求，每一处不符合扣 0.25 分。

②账簿。

a. 上年结转数是否有"上年结转"章。

b. 小计、月计、累计是否正确。

c. 余额结示的位置是否正确。

d. 数量、金额式账户是否有数量记录。

e. 记账需自然过渡到下一页时，在下一页的首行是否标明"承前页"字样。

f. 结转下年的格式和内容是否正确。

g. 一张账页上不允许有四处更改。

h. 以上要求，每一处不符合扣 0.25 分。

③报表。

a. 整洁，不可以出现刮、擦、挖、补、涂的数字。

b. 正确。

c. 以上要求，有一处更改扣 0.25 分，有一处错误扣 5 分。

④实习报告。

a. 格式规范。

b. 文字工整。

c. 有实际内容，观点明确。

d. 不少于 800～1500 字。

⑤加分因素。

a. 记账凭证、账簿、报表正确、整洁加分，该方面加分总计不超过 5 分。

b. 自制表格设计合理、明晰、有推广价值的加分，该方面加分总计不超过 10 分。

⑥考勤方面。

a. 迟到、早退每小时扣 0.5 分。

b. 旷课每次扣 2 分。

四、会计综合实训的要求

会计综合实训的要求包括对教师的要求和对学生的要求两方面。

(一) 会计综合实践对教师的要求

会计综合实训是培养和提高学生专业技能的关键环节，是培养学生实践操作能力的有效途径，指导教师要根据实训对象与实训环境制定实训纪律与实训考核标准，认真负责，严格管理，及时沟通，做到统一要求，统一进度，统一标准，统一评价，对学生实习做到指导及时而到位、讲评规范严格、核对和检查及时规范、实训成绩全过程考核。

(二) 会计综合实训对学生的要求

会计综合实训对学生的要求包括道德要求和技术性要求两个方面。

1. 道德要求

(1) 会计综合实训的操作过程要严格遵守会计法规，认真执行财政部《会计基础工作规范》。

(2) 会计综合实训的账务处理要符合会计枋算原理及《基础会计》《财务会计》《成本会计》等教材的有关内容。

(3) 会计综合实训态度要端正，目的要明确，作风要踏实，操作要规范，诚实守信，严禁抄袭行为出现。

2. 技术性要求

技术性要求参见会计实训考核规范。

任务二 会计综合实训业务流程

任务描述

会计综合实训的业务流程从建账开始，依次经过对原始凭证的审核、记账凭证的填制、会计账簿的登记、会计报表的编制与分析、会计档案的整理与装订等，完成会计实际操作的全部过程，在此过程中，进一步熟悉日常经济业务的每一个环节，比较实际工作与理论教学的不同，为下一步进行综合实训做好程序准备。

1.《会计法》；

2.《会计基础工作规范》；

3. 会计专业教材。

一、会计基础工作规范内容

1. 原始凭证的填制与审核

2. 记账凭证的填制与审核

3. 会计账簿的登记与更正

4. 对账与结账

5. 会计报表的编制

二、会计综合实训的内容

会计综合实训单位（即会计主体）为圣凯有限责任公司，实训学生为圣凯有限责任公司的一名财务人员，实训内容为圣凯有限责任公司 2013 年 11 月至 2014 年 1 月发生的日常经济业务，通过对该公司日常经济业务、期末账项调整、对账与结账进行全过程的会计账务处理，提高学生的综合实训能力。即：

（1）根据原始凭证编制记账凭证；

（2）根据记账凭证登记库存现金、银行存款日记账和有关明细分类账；

（3）根据记账凭证登记总分类账；

（4）有关明细账、日记账与实物核对，达到账实相符；

（5）总账与有关明细账相互核对，达到账账相符；

（6）根据总账和明细账编制会计报表并进行报表分析；

（7）对编制的会计凭证进行整理与装订。

具体实训内容包括货币资金核算、销售与收款核算、采购与付款核算、工资管理核算、固定资产核算、存货核算、费用核算、税金及附加核算及其他核算内容等。

三、会计综合实训流程（见下图）

第一步：建账，即根据月初账户余额资料，开设各账户；

第二步：根据业务处理提示对相应的原始凭证进行处理，编制记账凭证；

第三步：序时逐笔登记相关的明细账和日记账；

第四步：序时逐笔登记相关的总账；

第五步：总账与各明细账、日记账进行核对，确保账账相符；

第六步：编制资产负债表及利润表；

第七步：凭证装订、包面、各总账、明细账结账，形成会计档案资料。

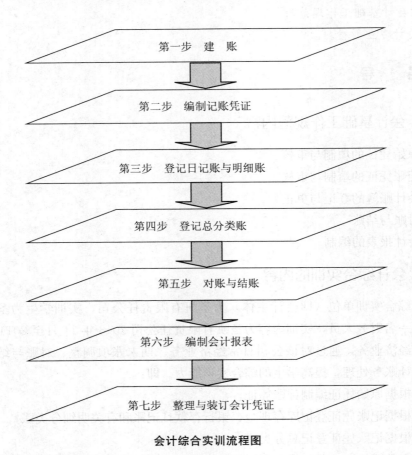

会计综合实训流程图

任务拓展

以小组为单位，上网查阅《会计基础工作规范》的具体内容，并组织小组成员学习，熟悉相关内容及要求，写出学习笔记。

任务三 企业基本概况及核算政策

 **任务描述**

根据企业实训背景资料，了解企业经销产品信息，为开展实训业务做好准备。

任务准备

1. 《公司法》；
2. 联想公司企业概况；
3. 实训环境电脑配备。

任务指导

一、公司基本信息

圣凯有限责任公司是一家私营有限责任公司，注册资本 300 万元，主要从事电脑、手机及其配件的批发、零售业务，现有职工 12 人。

企业名称：圣凯有限责任公司

公司地址：河北省石家庄市水源街 996 号

纳税资格：一般纳税人

纳税人识别号：140107719850887

开户银行：中国工商银行石家庄市水源支行

银行账号：4700022609003636668

注册资本：人民币叁佰万元

企业类型：有限责任公司

法定代表人：冯阔

经营范围：电脑、手机、零配件

二、主要产品价格目录

主要产品价格目录如表 1-2 所示。

表 1 - 2 产品价格目录

产品编号	品牌	型号	进货价格	销货价格
001	联想电脑	C245	1 890	3 480
002	联想电脑	C246	1 990	4 098
003	联想手机	A390－S322	550	700

三、机构设置及财务部人员分工

公司机构：设有采购部、销售部、财务部、行政部等

公司会计主管并负责会计复核：丁宝强

会计：王冰

出纳：李红

记账：苏阳

四、企业主要会计核算政策

（一）会计核算制度

本公司执行 2013 年财政部颁布的《小企业会计准则》。

（二）会计核算方法

1. 本公司采用记账凭证会计核算程序

2. 库存现金定额

库存现金限额为 4 500 元，随支随取，及时补充限额。

3. 库存商品核算方法

（1）库存商品收发采用实际成本进价核算的方法。

（2）根据商品入库单凭证，逐笔编制记账凭证，日常销售商品时收入按不含税价格入账，进行商品的购入核算。

（3）平时销售时开出"出库单"作为库存商品出库的依据，"出货单"平时只做"库存商品"明细账的会计核算依据，按先进先出法计算发出商品成本，并逐笔结转主营业务成本。

4. 周转材料收发采用实际成本核算，采用一次摊销法进行摊销

5. 计提固定资产折旧的方法

固定资产采用直线法计提折旧。

6. 因预付账款业务发生较少，未单独设账核算，合并在"应付账款"账户中

7. 职工福利费核算

（1）职工福利费：按应付职工薪酬总额 14％计提。

（2）工会经费：按应付职工薪酬总额的 2％计提。

（3）职工教育经费：按应付职工薪酬总额的 1.5％计提。

8. 社会保险费核算

（1）养老保险：企业负担部分按规定的计提基数（本单位共 12 名职工，假设 2013 年石家庄市月社保缴费平均工资为 2 857.78 元，则企业的计提基数为 76 140 元）的 20％计提，个人按单位规定的个人计提基数及 8％比例计提。

（2）失业保险：企业负担部分按规定的计提基数 77 160 元的 1％计提，个人按单位规定的个人计提基数及 1％比例计提。

（3）医疗保险：企业负担部分按规定的计提基数 77 160 元的 2％计提，个人按单位规定的个人计提基数及 2％比例计提。

（4）工伤保险：企业负担部分按规定的计提基数 77 160 元的 1.5％计提。

（5）生育保险：企业负担部分按规定的计提基数 77 160 元的 1.5％计提。

（6）住房公积金：企业负担部分按规定的计提基数 77 160 元的 7％计提。

9. 税负核算

（1）增值税率 17％（一般纳税人）。

（2）城市维护建设税率 7％，教育费附加率 3％。

（3）所得税税率 25％。

10. 利润分配核算

（1）按税后利润的 10％提取法定盈余公积。

（2）向投资人分配利润。（按年末可供分配利润的 40％向投资者分配利润）。

（3）利润总额的计算与结转采用"表结法"（年终结转）。

11. 银行预留印鉴

圣凯有限责任公司财务专用章　　　　　　　冯阔之印（法人）

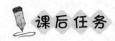 课后任务

实训项目任务书

实训班级		实训小组		实训姓名	
实训时间		实训项目			

实训建议	1. 明确会计综合实训的课程意义与目的		
	2. 熟练掌握会计综合实训的业务流程		
	3. 了解会计综合实训的物质准备与形式准备		
	4. 熟悉会计综合实训的知识准备		

实训步骤	1. 什么是实训	(1)	
		(2)	
		(3)	
	2. 为何实训	(1)	
		(2)	
	3. 如何实训	(1)	
		(2)	
		(3)	

自我评价	什么是实训	优（ ）	（ ）良	（ ）及格	不及格（ ）	备注
	为何实训	优（ ）	（ ）良	（ ）及格	不及格（ ）	备注
	如何实训	优（ ）	（ ）良	（ ）及格	不及格（ ）	备注

组长评价	
教师评价	

项目二　2013 年 11 月圣凯有限责任公司经济业务

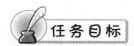 任务目标

【知识目标】

1. 熟悉并掌握会计核算的各种专门方法；

2. 熟悉会计核算的专业知识；

3. 熟悉会计综合实训操作流程的具体内容。

【能力目标】

1. 在教师指导下，学会运用会计核算的各种专门方法处理经济业务；

2. 在教师指导下，学会应用各种会计基本技能；

3. 在教师指导下，应用会计实训操作流程；

4. 在教师指导下，学会月末结账。

【情感目标】

1. 学会合作，学会交流，学会坚持，学会理解与包容；

2. 培养严谨、认真的工作态度；

3. 培养细心、耐心、专心的会计品质。

任务一　建账指南

任务描述

圣凯有限责任公司是经营多年的商品流通企业，该企业 2013 年 10 月已结账；本活动主要是通过了解什么是建账，熟悉建账的程序，学会如何选择账簿，为建立总分类账、日记账、明细分类账并进行 11 月实训业务处理做好知识准备。

 任务准备

1. 2013 年 10 月期末余额资料；

2. 空白总分类账、日记账、不同栏式的明细分类账或账页；

3. 粘贴索引纸（账户标签）；

4. 三套账夹；

5. 收款凭证、付款凭证、转账凭证。

任务指导

一、建账基本程序

建账是指新建单位和原有单位在年度开始时，会计人员均应根据核算工作的需要设置应用账簿。建账的基本程序为：

第一步：按照需用的各种账簿的格式要求，预备各种账页，并将活页的账页用账夹装订成册。

第二步：在账簿的"启用表"上，写明单位名称、账簿名称、册数、编号、起止页数、启用日期以及记账人员和会计主管人员姓名，并加盖名章和单位公章。记账人员或会计主管人员在本年度调动工作时，应注明交接日期、接办人员和监交人员姓名，并由交接双方签名或盖章，以明确经济责任。

第三步：按照会计科目表的顺序、名称，在总账账页上建立总账账户；并根据总账账户明细核算的要求，在各个所属明细账户上建立二级、三级等明细账户。原有单位在年度开始建立各级账户的同时，应将上年账户余额结转过来。

第四步：启用订本式账簿，应从第一页起到最后一页止顺序编定号码，不得跳页、缺号；使用活页式账簿，应按账户顺序编列本户页次号码。各账户编列号码后，应填"账户目录"，将账户名称页次登入目录内，并粘贴索引纸（账户标签），写明账户名称，以利检索。

二、建账账簿的选择

不同企业单位所需用的账簿是不尽相同的。但不管账簿的格式如何，从其所起的作用看，大致可分为四类：序时账簿、分类账簿、序时与分类相结合的联合账簿、备查账簿。序时账簿是指现金、银行存款日记账和转账日记账；分类账簿包括总分类账簿和明细分类账簿；联合账簿既序时记录又分类记录，既是日记账又是总账的账簿，如日记总账；备查账簿如前述是记录非本企业资产或其他重要事项的账簿。

会计账簿从外表形式分，有订本式、活页式、卡片式三种。订本式账簿可防止账面散失和随意抽换；活页式账簿可视经济业务的多寡随时增添账页或抽取多余的空白账页，避免浪费；卡片式账簿也具备活页式账簿的优点，但容易失散，必须严加管理。

一个企业究竟应设计和使用何种账簿，要视企业规模大小、经济业务的繁简、会计人员的分工、采用的核算形式，以及记账的机械化程度等因素而定。但是为了加强货币资金的管理，无论在哪种情况下，都要设计现金和银行存款日记账这种序时账簿，只是在多栏特种日记账核算形式下，要将现金和银行存款日记账都分割为专栏的收入日记账和支出日记账两本；至于分类账簿的设计，在采用记账凭证核算形式、汇总记账凭证核算形式和科目汇总表核算形式以及多栏式日记账核算形式时，则应设计一本总分类账簿和多本明细分类账簿，而在采用日记总账核算形式时，则只设计一本既序时记录又分类记录的日记总账账簿和必要的明细分类账簿。

表 2-1 列示了不同情况下账簿的选择。

表 2-1　　　　　　　　　　　　账簿的选择

单位特点	核算形式	设置的账簿体系
小规模企业（小规模纳税人）	记账凭证核算形式 日记总账核算形式	现金、银行存款日记账；固定资产、材料、费用、明细账；总账 序时账同上；日记总账；固定资产、材料明细账
大中型企业单位（一般纳税人）	科目汇总表核算形式 汇总记账凭证核算形式	序时账同上；固定资产、材料、应收（付）账款、其他应收应付款、长（短）期投资、实收资本、生产成本、费用等明细账；总账。（购货簿、销货簿）
收付款业务多、转账业务少的大中型企业	多栏式日记账核算形式	序时账同上；固定资产、材料、应收（付）账款、其他应收应付款、长（短）期投资、实收资本、生产成本、费用等明细账；总账。（购货簿、销货簿）
收付款业务多、转账业务亦多的大中型企业	多栏式日记账兼汇总转账凭证核算形式	四本多栏式日记账；明细分类账同上；总账。（购货簿、销货簿）
大中型企业，但转账业务较少	科目汇总表兼转账日记账核算形式	序时账簿；必要的明细账、转账日记账；总账

三、建账设置的账册

制造企业至少应设置四册账：一册现金日记账；一册银行存款日记账；一册总分类账；一册活页明细账。其中，活页明细账主要包括：库存材料分类账（收、发、存数量金额式）；库存材料多栏式分类账（收、发、存数量金额式）；低值易耗品明细分类账（在库、在用）；材料采购明细账；材料成本差异明细账；分期收款发出商品明细账；委托加工存货明细账；固定资产明细分类账（登记设备与计算折旧）；生产成本明细账；制造费用明细账；管理费用明细账；销售费用明细账；经营费用明细账；工资明细账；产品销售明细账；应交增值税明细账。

商品流通企业可根据行业特点及业务需要设置。

任务二　建账

任务描述

根据圣凯有限责任公司的企业信息，填写总分类账户、日记账、明细账账簿启用表；根据总分类账户与日记账、明细账期初余额资料，填写账户目录表，登记期初余额，完成账簿的建账过程。

任务准备

1. 空白总分类账一本、明细账三本、日记账一本；

2. 11 月总分类账户期初余额表；

3. 会计科目表一张；

4. 红色、蓝色口取纸各一张。

任务指导

一、建账前资料准备

（一）会计科目表

会计科目是会计实训操作应用的基本要素，是编制记账凭证的必要要素。会计科目按其所提供信息的详细程度及其统驭关系不同，又分为总分类科目和明细分类科目（见表 2-2）。

表 2－2 会计科目表

一、资产类

顺序号	编号	会计科目名称	会计科目适用范围	顺序号	编号	会计科目名称	会计科目适用范围
1	1001	库存现金		38	1431	周转材料	建造承包商专用
2	1002	银行存款		39	1441	贵金属	银行专用
3	1003	存放中央银行款项	银行专用	40	1442	抵债资产	金融共用
4	1011	存放同业	银行专用	41	1451	损余物资	保险专用
5	1015	其他货币基金		42	1461	存货跌价准备	
6	1021	结算备付金	证券专用	43	1501	待摊费用	
7	1031	存出保证金	金融共用	44	1511	独立账户资产	保险专用
8	1051	拆出资金	金融共用	45	1521	持有至到期投资	
9	1101	交易性金融资产		46	1522	持有至到期投资减值准备	
10	1111	买入返售金融资产	金融共用	47	1523	可供出售金融资产	
11	1121	应收票据		48	1524	长期股权投资	
12	1122	应收账款		49	1525	长期股权投资减值准备	
13	1123	预付账款		50	1526	投资性房地产	
14	1131	应收股利		51	1531	长期应收款	
15	1132	应收利息		52	1541	未实现融资收益	
16	1211	应收保护储金	保险专用	53	1551	存出资本保证金	保险专用
17	1221	应收代位追偿款	保险专用	54	1601	固定资产	
18	1222	应收分保账款	保险专用	55	1602	累计折旧	
19	1223	应收分保未到期责任准备金	保险专用	56	1603	固定资产减值准备	
20	1224	应收分保保险责任准备金	保险专用	57	1604	在建工程	
21	1231	其他应收款		58	1605	工程物资	
22	1241	坏账准备		59	1606	固定资产清理	
23	1251	贴现资产	银行专用	60	1611	融资租赁资产	租赁专用
24	1301	贷款	银行和保险共用	61	1612	未担保余值	租赁专用

一、资产类

顺序号	编号	会计科目名称	会计科目适用范围	顺序号	编号	会计科目名称	会计科目适用范围
25	1302	贷款损失准备	银行和保险共用	62	1621	生产性生物资产	农业专用
26	1311	代理兑付证券	银行和保险共用	63	1622	生产性生物资产累计折旧	农业专用
27	1321	代理业务资产		64	1623	公益性生物资产	农业专用
28	1401	材料采购		65	1631	油气资产	石油天然气开采专用
29	1402	在途物资		66	1632	累计折耗	石油天然气开采专用
30	1403	原材料		67	1701	无形资产	
31	1404	材料成本差异		68	1702	累计摊销	
32	1406	库存商品		69	1703	无形资产减值准备	
33	1407	发出商品		70	1711	商誉	
34	1410	商品进销差价		71	1801	长期待摊费用	
35	1411	委托加工物资		72	1811	递延所得资产	
36	1412	包装物及低值易耗品		73	1901	待处理财产损益	
37	1421	消耗性物品资产	农业专用				

二、负债类

顺序号	编号	会计科目名称	会计科目适用范围	顺序号	编号	会计科目名称	会计科目适用范围
74	2001	短期借款		92	2261	应付分保账款	保险专用
75	2002	存入保证金	金融共用	93	2311	代理买卖证券款	证券专用
76	2003	拆入资金	金融共用	94	2312	代理承销证券款	证券和银行共用
77	2004	向中央银行借款	银行专用	95	2313	代理兑付证券款	证券和银行共用
78	2011	同业存放	银行专用	96	2314	代理业务负债	
79	2012	吸收存款	银行专用	97	2401	预提费用	
80	2021	贴现负债	银行专用	98	2411	预计负债	

二、负债类

顺序号	编号	会计科目名称	会计科目适用范围	顺序号	编号	会计科目名称	会计科目适用范围
81	2101	交易性金融负债		99	2501	递延收益	
82	2111	专出回购金融资产款	金融共用	100	2601	长期借款	
83	2201	应付票据		101	2602	长期债券	
84	2202	应付账款		102	2701	未到期责任准备金	保险专用
85	2205	预收账款		103	2702	保险责任准备金	保险专用
86	2211	应付职工薪酬		104	2711	保户储金	保险专用
87	2221	应交税费		105	2721	独立账户负债	保险专用
88	2231	应付股利		106	2801	长期应付款	
89	2232	应付利息		107	2802	未确认融资费用	
90	2241	其他应付款		108	2811	专项应付款	
91	2251	应付保户红利	保险专用	109	2901	递延所得税负债	

三、共同类

顺序号	编号	会计科目名称	会计科目适用范围	顺序号	编号	会计科目名称	会计科目适用范围
110	3001	清算资金往来	银行专用	113	3201	套期工具	
111	3002	外汇买卖	金融共用	114	3202	被套期项目	
112	3101	衍生工具					

四、所有者权益类

顺序号	编号	会计科目名称	会计科目适用范围	顺序号	编号	会计科目名称	会计科目适用范围
115	4001	实收资本		119	4103	本年利润	
116	4002	资本公积		120	4104	利润分配	
117	4101	盈余公积		121	4201	库存股	
118	4102	一般风险准备	金融共用				

五、成本类

顺序号	编号	会计科目名称	会计科目适用范围	顺序号	编号	会计科目名称	会计科目适用范围
122	500	生产成本		126	5401	工程施工	建造承包商专用

五、成本类

顺序号	编号	会计科目名称	会计科目适用范围	顺序号	编号	会计科目名称	会计科目适用范围
123	5101	制造费用		127	5402	工程结算	建造承包商专用
124	5201	劳务成本		128	5403	机械作业	建造承包商专用
125	5301	研发支出					

六、损益类

顺序号	编号	会计科目名称	会计科目适用范围	顺序号	编号	会计科目名称	会计科目适用范围
129	6001	主营业务收入		146	6411	利息支出	金融共用
130	6011	利息收入	金融共用	147	6421	手续费支出	金融共用
131	6021	手续费收入	金融共用	148	6501	提取未到期责任准备金	保险专用
132	6031	保费收入	保险专用	149	6502	保险责任准备金	保险专用
133	6032	分保费收入	保险专用	150	6511	赔付支出	保险专用
134	6041	租赁收入	租赁专用	151	6521	保户红利支出	保险专用
135	6051	其他业务收入		152	6531	退保金	保险专用
136	6061	汇兑损益	金融专用	153	6541	分出保费	保险专用
137	6101	公允价值变动损益		154	6542	分保费用	
138	6111	投资收益		155	6601	销售费用	
139	6201	摊回保险责任准备金	保险专用	156	6602	管理费用	
140	6202	摊回赔付支出	保险专用	157	6603	财务费用	
141	6203	摊回分保费用	保险专用	158	6604	勘探费用	
142	6301	营业外收入		159	6701	资产减值损失	
143	6401	主营业务成本		160	6711	营业外支出	
144	6402	其他业务支出		161	6801	所得税	
145	6405	营业税金及附加		162	6901	以前年度损益调整	

（二）2013 年 10 月圣凯有限责任公司期末余额资料（见表 2-3、表 2-4、表 2-5、表 2-6)

表 2-3 　　　　　　　　　总分类账户与明细分类账户期末余额表

2013 年 10 月　　　　单位：元

总账科目	科目编号	明细科目	借方余额	贷方余额	账页格式
库存现金	1001		2 000		三栏式
银行存款	1002	工行水源支行	331 416		三栏式
应收票据	1121	广通商贸有限公司	100 000		三栏式
应收账款	1122	宏海商贸有限公司	68 500		三栏式
		东明商贸有限公司			三栏式
其他应收款	1231	李军	2 500		三栏式
		王平	1 500		三栏式
坏账准备	1241				
在途物资	1402	联想电脑 245			三栏式
		联想手机 A390-S322			三栏式
库存商品	1406	联想台式电脑 C245	15 104		数量金额式
		联想手机 A390-S322	2 500		数量金额式
周转材料	1412	工作服	2 000		数量金额式
		纸箱	3 600		数量金额式
固定资产	1601	房屋及建筑物	328 762		特定格式
		办公设备	45 206		特定格式
累计折旧	1602	房屋及建筑物		6 426	三栏式
		办公设备		362	三栏式
短期借款	2001	工行水源支行		100 000	三栏式
应付账款	2202	北京四海有限公司			三栏式
应付职工薪酬	2211				三栏式
应交税费	2221	应交增值税（应交税金）		20 000	特定格式
		应交城建税		2 900	三栏式
		应交教育费附加		1 100	三栏式
		应交城建税		2 900	三栏式
		应交教育费附加		1 100	三栏式
其他应付款	2241	修理费			三栏式

总账科目	科目编号	明细科目	借方余额	贷方余额	账页格式
实收资本	4001	南山有限公司		152 000	三栏式
		张北有限公司		130 000	三栏式
资本公积	4002	资本溢价		125 000	三栏式
盈余公积	4101	法定盈余公积		15 300	三栏式
本年利润	4103			250 000	三栏式
利润分配	4104	未分配利润		100 000	三栏式
合　计			903 088	903 088	

表 2 - 4　　　　　　　　周转材料账户期初余额明细表

2013 年 10 月

明细账户	单位	数量	单价	金额（元）
工作服	套	4	500	2 000
纸箱	只	200	18	3 600

表 2 - 5　　　　　　　　库存商品期初余额明细表

2013 年 10 月

类　别	商品名称	规格	单位	数量	单位进价	金额（元）
办公类	联想台式机	C245	部	8	1888	15104
其他类	联想手机	A390 - S322	部	5	500	2500

表 2 - 6　　　　　　　　1—10 月损益类账户累计发生额表

2013 年 10 月　　　　单位：元

科目名称	借方发生额	贷方发生额
主营业务收入		1 361 850
主营业务成本	695 000	
营业税金及附加	75 000	
销售费用	30 000	
管理费用	250 000	
财务费用	4 000	
其他业务收入		15 000

续　表

科目名称	借方发生额	贷方发生额
其他业务成本	2 850	
投资收益		
营业外收入		25 000
营业外支出	12 000	
所得税费用	83 000	

（三）明细账账页格式

明细账包括三栏式明细账、数量金额式明细账和多栏式明细账。

三栏式明细账适用于需要反映金额核算的会计账户，如反映应收账款、应付账款、其他应收款、其他应付款、营业外收入、营业外支出、主营业务收入、其他业务收入、其他业务支出、营业外收入、营业外支出、应付职工薪酬、在建工程、短期借款、长期借款、投资类科目、投资收益、预收账款、预付账款、主营业务税金及附加、实收资本、资本公积、本年利润、利润分配、所得税等科目账户详细情况的明细分类账。

数量金额式明细账按收入、发出和结余再分别设数量和金额栏。这种格式适用于既需要进行金额核算，又需要进行实物数量核算的各种财产物资的明细核算，如"原材料""库存商品""包装物""低值易耗品"等财产物资科目的明细分类核算。

多栏式明细账则是根据经济业务的特点和经营管理的需要，在账页上设置专栏，主要用于登记明细项目多、借贷方向单一的经济业务，如采购、生产以及费用账户的明细账户，一般采用贷方多栏式，成本费用多栏式明细账适用于那些要求对金额进行分析的有关费用成本、收入成果类科目的明细分类核算，例如，对"主营业务收入""管理费用""销售费用""财务费用"等总账科目的明细核算。此外，本年利润的形成和分配类的科目以及"应交税金——应交增值税"等科目，则需采用借贷双方均多栏式（见表2-7的明细账）。

表2-7　　　　　　　　　　　　应交增值税明细账

年		月		摘	借方			贷方				借或	余
月	日	字	号	要	合计	进项税额	已交税金	合计	销项税额	出口退税	进项税额转出	贷	额

二、建账

(一) 建总账

步骤1：启用总分类账簿。

启用会计账簿扉页时，应按以下规定填写。

(1) 在账簿封面上写明单位名称和账簿名称。

(2) 账簿扉页上内容包括单位名称、账簿名称、账簿页数、启用日期、记账人员和会计机构负责人、会计主管人员姓名，并加盖名章和公章。会计主管人员调动工作时，应当注明交接日期、接办人员和监交人员姓名，并由交接双方签名或者盖章。如表2-8所示。

(3) 粘贴印花税票。

①粘贴印花税票的账簿，印花税票一律粘在账簿扉页启用表的右上角，并在印花税票中间画两根出头的横线，以示注销；

②使用缴款书交纳印花税，在账簿扉页启用表上的左上角注明"印花税已缴"及缴款金额。缴款书作为记账凭证的原始凭证登记入账。

印花税

表2-8　　　　　　　　　　　**账簿启用及接交表**

单位名称									印　鉴	
账簿名称	总　分　类　账　　（第　册）									
账簿编号	第　　　　号									
账簿页数	本账簿共计　　页（			本账簿页数检点人盖章			）			
启用日期	公元　　　年　　　月　　　日									
经管人员	负责人		主办会计		复　核			记　账		
	姓　名	盖章	姓　名	盖章	姓　名		盖章	姓　名		盖章
	张三		李四		张五			赵六		
接交记录	经管人员			接　管				交　出		
	职　别	姓　名		年	月	日	盖章	年	月 日	盖章
备注										

（4）填写总分类账簿启用表。每本账簿的扉页均附有"账簿启用表"，内容包括单位名称、账簿名称、账簿号码、账簿页数、启用日期、单位负责人、单位主管财会工作负责人、会计机构负责人、会计主管人员等，启用账簿时应填写表内各项内容，并在单位名称处加盖公章、各负责人姓名后加盖私章。

步骤 2：设置总分类账户。

总分类账簿中包括本企业使用的全部总分类账户，因此，需指定每一总分类账户在总分类账簿中的登记账页，在相应账页的"会计科目及编号"栏处填写指定登记账户的名称及编码。

由于总分类账采用的是订本式账簿，为了便于账户的查找，各总账账户的排列顺序应有一定的规律，一般应按会计科目表中编码顺序排列。如资产类、负债类、所有者权益类、成本类、损益类，因此，只要本单位会计核算涉及的总账账户，不论期初是否有余额，都需在总账中设置相应账户，并根据实际需要预留账页。

步骤 3：登记期初余额。

对于有期初余额的总账账户，根据相关资料登记账户记录。在该账户账页的第一行日期栏中填入期初的日期、在摘要栏填入"期初余额"（年度更换新账簿时填入"上年结转"）、在借贷方向栏标明余额的方向、在余额栏填入账户的期初余额。对于没有余额的总账账户，无须特别标识其余额为零。

步骤 4：填写账户目录。

由于总账是订本式，在各账页中预先印有连续编号，为方便查找，所有总账账户设置完后，应在账簿启用页后的"账户目录表"中填入各账户的科目编号、名称及起始页码。如表 2－9 所示。

表 2－9　　　　　　　　　　　　　账户目录

编号	会计科目	起讫页数	编号	会计科目	起讫页数
1001	库存现金	1～2			
1002	银行存款	3～5			
1003	应收账款	5～6			
...	......				

（二）建日记账

步骤 1：启用库存现金日记账、银行存款日记账。

步骤 2：设置账户。

现金日记账按现金的币种分别开设账户，银行存款日记账按单位在银行开立的账户和币种开设账户，每一账户要预留账页。因外币现金和银行存款需采用包含原币信息的复币账页，因此，本位币与外币现金、银行存款分别开设账簿。

步骤 3：登记期初余额。

对于有期初余额的"库存现金"账户，根据相关资料在账户中登记期初余额，如表 2 - 9 所示。同样，对于有期初余额的"银行存款"账户，根据相关资料在账户中登记期初余额。

步骤 4：填写账户目录。

（三）建明细账

明细账的情况更为复杂，一般格式有收发存三栏式、借贷余三栏式、数量金额式，还可根据需要设计成多栏式。

步骤 1：建债权债务明细账。

将活动指导中涉及的债权债务账户，按照建总账的实施步骤进行建账，并粘贴口取纸。

步骤 2：建财产物资明细账。

将活动指导中涉及的财产物资账户，按照建总账的实施步骤进行建账，并粘贴口取纸。

步骤 3：建成本费用明细账。

将任务指导中涉及的成本费用账户，按照建总账的实施步骤进行建账，并粘贴口取纸。

步骤 4：要点提示。

1. 不必给每一明细账户预留账页

由于活页账可以在使用过程中根据需要增减账页，以及对账页的顺序进行调整，因此，设置明细分类账时，不用给每一明细账户预留账页，可以先在相关账簿中设置出有期初余额的明细账户，对期初无余额的明细账户可暂时不设，待日常账务处理中用到时再行设置，并插入账簿中同属一个总分类账户的明细账户顺序中去。

2. 明细账户的排列顺序同总账与设置

为了便于查找账户，明细账户在账簿中一般也按会计科目编码顺序排列，同属于一个总分类账户的明细账户应集中连续排列。在每一明细分类账户起始页上端或右侧粘贴标签（取口纸），在标签上注明该账户名称，不同账户的标签相互错开排列。

3. 明细账户的设置

并不是所有的总分类账户都需要设置明细分类账户，企业可以根据实际需要决定明细分类账户的设置，以及所采用的账页格式。

4. 口取纸的粘贴

（1）将红、蓝两色口取纸进行分工，分别代表一个级别的会计科目（由各组自行决定）。

（2）在每一个口取纸左右两个框内分别写上同一个会计科目的名称。

（3）将写好科目名称的口取纸进行粘贴。

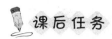 **课 后 任 务**

实训项目任务书

实训班级		实训小组		实训姓名		
实训时间		实训项目				
实训建议	1. 了解建账选用的账簿种类及账页格式					
	2. 重视期初余额过入时的准确性					
	3. 注意明细账建账时的内容完整及口取纸的粘贴方法					
实训步骤	1. 建总账	（1）填写扉页				
		（2）填写目录				
		（3）登记期初余额				
	2. 建日记账	（1）建现金日记账				
		（2）建银行存款日记账				
	3. 建明细账	（1）债权债务明细账				
		（2）成本费用明细账				
		（3）财产物资明细账				
自我评价	建总账	优（　）	（　）良	（　）及格	不及格（　）	备注
	建日记账	优（　）	（　）良	（　）及格	不及格（　）	备注
	建明细账	优（　）	（　）良	（　）及格	不及格（　）	备注
组长评价						
教师评价						

任务三　2013年11月日常经济业务处理

 任务描述

　　根据圣凯有限责任公司11月发生的经济业务，对其原始凭证进行认真分析解读，明确经济业务的意义，确定会计分录；根据经济业务选择记账凭证的种类，按照记账凭证的填制要求填制记账凭证；对原始凭证进行整理并进行粘贴。

任务准备

　　1.11月圣凯有限责任公司的原始票据；
　　2. 收款凭证、付款凭证、转账凭证；
　　3. 实训耗材、实训工具、胶棒、曲别针等。

任务指导 ★

一、解析原始凭证

　　步骤1：获得原始单据并审核整理。

　　原始单据也叫原始凭证，是会计人员做账的依据，是根据各个环节的经济业务取得的，其种类繁多，如报销单、借款单（暂支单）、材料入库单、采购发票、产成品入库单、销售出库单、银行收款回单、支票存根、付款回单、生产领用单、收付款收据、工资单、相关合同、销售发票记账联等。

　　会计人员一般通过原始凭证来了解经济业务，当我们拿到一张原始单据，如发票、银行支票、水费电费收据，就应该知道这是发生了一项什么业务，当然遇到一些特殊的业务除了需要专业上的判断以外，还需要经验的积累。

　　会计人员在获得原始凭证时，首先需要进行审核，以鉴别是否真实合法、准确完整、手续齐全，如业务人员的报销单需要审核是否按照规定的流程经过审批，如果报销的单据只是提供收据也不行，一般需要合法有效的单据，如发票。发票又需要审核所填制的内容是否真实准确、有无盖发票章等。所有原始凭证经审核无误后，才能作为入账的依据。

　　在做账之前，可以对审核过的原始凭证进行整理归类、排序，以便对发生的业务进行梳理。有些单据要按时间顺序入账，如有关收入、支出的银行单据，避免账上出现赤字；有些相同的单据也可以汇总入账，如领料单。

　　步骤2：概括经济业务内容。

通过对原始票据的分析，了解业务发生的时间、相关单位、业务数量、单价、金额、有无收款或付款及收付款发生的时间，使用简练概括的文字对经济业务进行描述，形成记账凭证的摘要。以进账单说明，如表2-10所示。

表2-10

中国工商银行进账单（收账通知）　　　　1

20××年11月1日　　　　　　　　　　第 21 号

出票人	全　　称	宏海商贸有限公司	持票人	全　　称	圣凯有限责任公司
	账　　号	3600044900652377218		账　　号	4700022609003636668
	开户银行	建行武安市建华支行		开户银行	工行石家庄市水源支行

人民币（大写）陆万捌仟伍佰元整　　　　￥6 8 5 0 0 0 0

票据种类　转账支票

该进账单表明：购货单位为宏海美商贸有限公司，销货方为圣凯有限责任公司，即持票人。圣凯有限责任公司持支票到银行办理业务，银行受理业务；款到后银行给持票人的收账通知，表明支票款已到账。因此，该票可以描述为：某年11月1日，圣凯有限责任公司收到宏海商贸有限公司货款68 500元，存入银行。

步骤3：运用借贷记账法，确定会计分录。

根据原始凭证做出分录是更能体现会计人员专业技术的环节，我们需要通过职业判断找到适当的会计科目来反映经济业务的发生，即用借贷的会计分录（也就是会计的语言）对经济业务进行登记、描述。

例如，我们取得了一张发票，上面的内容是办公用品，并由出纳盖了"现金付讫"的章，那就可以了解是用现金购买了办公用品，通过专业知识判断购买办公用品的支出是计入"管理费用"科目的，这笔业务产生了费用而减少了现金，所以通过借记"管理费用"、贷记"库存现金"来反映。这里最关键的是能够读懂原始凭证和熟悉会计科目。读懂原始凭证需要我们在接触各种原始凭证的基础上积累经验，熟悉会计科目则需要对会计要素、会计准则的深入理解和掌握，尤其是面对复杂的经济业务，更需要对会计科目熟练运用才能做出正确的分录。

二、填制与审核记账凭证

填制记账凭证必须按照会计基础工作规范进行，填制与审核记账凭证要求如下。

（1）记账凭证的摘要栏必须针对不同性质的经济业务的特点，考虑登记账簿的需要正确地填写，不可漏填或错填。

（2）必须按照会计制度统一规定的会计科目，根据经济业务的性质，编制会计分录，以保证核算的口径一致，便于综合汇总。

（3）填制记账凭证，可以根据每一份原始凭证单独填制，也可以根据同类经济业务的多份原始凭证汇总填制，还可以根据汇总的原始凭证来填制。

（4）记账凭证在一个月内应当连续编号，以便查核。

（5）记账凭证的日期栏填写时，收、付款凭证应按货币资金收付的日期填写；转账凭证原则上应按收到原始凭证的日期填写。如果一份转账凭证依据不同日期的某类原始凭证填制时，可按填制凭证日期填写。在月终时，有些转账业务要等到下月初方可填制转账凭证时，也可按月末的日期填写。

（6）记账凭证上应注明所附的原始凭证张数，以便查核。如果根据同一原始凭证填制数张记账凭证时，则应在未附原始凭证的记账凭证上注明"附件××张，见第××号记账凭证"。如果原始凭证需要另行保管时，则应在附件栏目内加以注明，但更正错账和结账的记账凭证可以不附原始凭证。

（7）正确选择并填制"收款凭证""付款凭证"和"转账凭证"。但是涉及现金和银行存款之间的划转业务，按规定只填制付款凭证，以免重复记账。

（8）记账凭证填写完毕，应进行复核与检查，并按所使用的记账方法进行试算平衡。有关人员，均要签名盖章。出纳人员根据收款凭证收款，或根据付款凭证付款时，要在凭证上加盖"收讫"或"付讫"的戳记，以免重收重付，防止差错。

（9）审核记账凭证是否附有原始凭证，原始凭证是否齐全、内容是否合法，记账凭证所记录的经济业务与所附原始凭证所反映的经济业务是否相符。

（10）记账凭证的应借、应贷会计科目是否正确，账户对应关系是否清晰，所使用的会计科目及其核算内容是否符合会计制度的规定，金额计算是否准确。摘要是否填写清楚、项目填写是否齐全，如日期、凭证编号、明细会计科目、附件张数以及有关人员签章等。

三、登记库存现金及银行存款日记账与明细账

按照《会计基础工作规范》，登记账簿的基本要求有：

（1）内容准确完整。对于每一项会计事项，一方面要计入有关的总账，另一方面要计入该总账所属的明细账。账簿记录中的日期，应该填写记账凭证上的日期；以自制的原始凭证（如收料单、领料单等）作为记账依据的，账簿记录中的日期应按有关自制凭证上的日期填列。此外，负责登记账簿的会计人员，在登记账簿前，应对已经专门复核人员审查过的记账凭证再复核一遍，这是岗位责任制和内部牵制制度的要求。

（2）登记账簿要及时。登记账簿的间隔时间应该多长，没有统一的规定，这要看本单位所采用的具体会计核算形式而定。总的来说是越短越好。一般情况下，总账可

以三五天登记一次；明细账的登记时间间隔要短于总账，日记账和债权债务明细账一般一天就要登记一次。

（3）注明记账符号。登记完毕后，要在记账凭证上签名或者盖章，并注明已经登账的符号，表示已经记账。在记账凭证上设有专门的栏目，用来注明记账的符号，以免发生重记或漏记。

（4）书写留空。

（5）正常记账使用蓝黑墨水。

（6）特殊记账使用红墨水。

（7）顺序连续登记。

（8）结出余额。①凡需要结出余额的账户，结出余额后，应当在"借或贷"等栏内写明"借"或者"贷"等字样。没有余额的账户，应当在"借或贷"等栏内写"平"字，并在余额栏内用"0"表示。②现金日记账和银行存款日记账必须逐日结出余额。一般说来，对于没有余额的账户，在余额栏内标注的"0"应当放在"元"位。

（9）过次承前。"过次页"和"承前页"的方法有两种：

一是在本页最后一行内结出本页发生额合计数及余额，在摘要栏内注明"过次页"字样，然后在次页第一行摘要栏内注明"承前页"字样，登记前页合计数及余额；

二是只在次页第一行承前页写出发生额合计数及余额，摘要栏内注明"承前页"字样，不在上页最后一行结出发生额合计数及余额后过次页。

财政部《会计基础工作规范》还对"过次页"的本页合计数的结计方法，根据不同需要作了规定：

第一，对需要结计本月发生额的账户，结计"过次页"的本页合计数应当为自本月初起至本页末止的发生额合计数。这样做，便于根据"过次页"的合计数，随时了解本月初到本页末止的发生额，也便于月末结账时，加计"本月合计"数。

第二，对需要结计本年累计发生额的账户，结计"过次页"的本页合计数应当为自年初起至本页末止的累计数，这样做，便于根据"过次页"的合计数，随时了解本年初到本页末止的累计发生额，也便于年终结账时，加计"本年累计"数。

第三，对既不需要结计本月发生额也不需要结计本年累计发生额的账户，可以只将每页末的余额结转次页，如某些材料明细账户就没有必要将每页的发生额结转次页。

（10）定期打印。对于实行会计电算化的单位，财政部《会计基础工作规范》还提出了打印上的要求："实行会计电算化的单位，总账和明细账应当定期打印"；"发生收款和付款业务的，在输入收款凭证和付款凭证的当天必须打印出现金日记账和银行存款日记账，并与库存现金核对无误。"

四、登记总账

登记总账采用记账凭证账务处理程序，示意如图2-1所示。

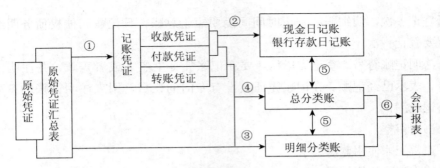

图 2-1　登记总账采用记账凭证账务处理程序

五、更正错账

在登记账簿过程中，对于出现的文字或数字错误应该按照规范的方法进行更正。更正错账的方法有画线更正法、红字更正法、补充登记法。

一、错账更正"三问"小技巧

第一问：是会计账簿错误还是会计凭证错误	
解析技巧	遇到错账更正需分析的第一个问题是：错误出在会计账簿上还是会计凭证上
解析方法	如果在结账前发现会计账簿记录有错误，而所依据的记账凭证没有错误，即纯属账簿记录中的文字或者数字出现了笔误，则直接采用划线更正法
解析步骤	画线更正法的具体操作步骤有三： (1) 画红线注销：在账页上错误的文字或数字处画一条红线予以注销； (2) 作正确记录：将正确的文字或数字用蓝字写在被注销文字或数字的上方； (3) 更正盖章：由记账人员在更正处盖章
第二问：是会计凭证的科目错误还是金额错误	
解析技巧	如果发现会计凭证错误而依据其记账的会计账簿也产生错误的，则继续分析是什么类型的错误，是会计凭证中的科目错误还是金额错误？科目错误包括了应借、应贷会计科目运用错误和记账方向有错误两方面
解析方法	针对科目或方向这类错误，可以直接采用红字更正法
解析步骤	红字更正法的具体操作步骤有二： (1) 红字冲销错误记录：用红字填制一张与错误记账凭证完全相同的记账凭证，并据以红字登账； (2) 蓝字重新填写分录入账：用蓝字填制一张与正确的记账凭证，并据以蓝字登账

	第三问：是金额记大了还是记小了
解析技巧	针对记账凭证中的金额出现了错误，则继续分析是会计凭证中的金额记大了还是记小了？即所记金额大于应记金额还是所记金额小于应记金额？所记金额即为已经记录在会计凭证上的错误金额，应记金额则为应该记入会计凭证中的正确金额
解析方法	如果为所记金额大于应记金额，则采用红字更正法。如果为所记金额小于应记金额，则采用补充登记法
解析步骤	（1）红字更正法具体操作方法：用红字填制一张与原错误凭证中科目、借贷方向相同的记账凭证，其金额为错误金额与正确金额的差额，登记入账。 （2）补充登记法具体操作方法：按照少记的金额用蓝字填制一张应借、应贷会计科目与原错误记账凭证相同的记账凭证，据以补充少记金额。该方法其实质就是将少记数补充登记入账

　　综上所述，错账可以分为两个基本类型：一是会计凭证正确而会计账簿错误；二是会计凭证错误导致会计账簿的登记也发生错误，包括会计科目运用错误、会计凭证上金额多写、金额少写三种情况。因此，如果进一步细分，错帐的类型无外乎这四种，而我们只需要按照这"三问"的分析方法和程序，层层剥率，不断地进行自我提问和判断，每一问都能帮助我们作出一个判断并得出一个结论，如同"会计侦探"一样。

二、错账更正案例解析

　　案例呈现：圣凯有限责任公司在 2013 年产生以下错账：

　　1.2013 年 1 月 6 日，用银行存款 20 000 元支付工人工资。会计人员根据正确的记账凭证登记账簿时，误将总账中的"银行存款"贷方记为 2 000 元。

　　2.2013 年 4 月 8 日，公司管理人员吴东出差预借差旅费 8 000 元，款项以现金支付。会计人员在填制记账凭证时，误将"其他应收款"记为"其他应付款"，并登记入账。

　　3.2013 年 8 月 12 日，向北京四海有限责任公司赊购一批电脑配件，购货款为 500 元。会计人员在编制记账凭证时科目运用无误，但将金额误记为 5 000 元。

　　4.2013 年 10 月 9 日，开出一张 3 个月到期的商业承兑汇票，用以偿付通达科技有限公司的购货款 60 000 元。会计人员在编制会计分录时，科目运用正确，但金额误记为 40 000 元。

　　案例解析：根据错账"三问"小技巧可知：第一种情况是会计账簿出现错误，应采用画线更正法。需要说明的是，会计账簿出现错误，不管是科目错误还是金额错误，都采用画线更正法，而无须再作进一步分析和判断。第二种情况为会计科目运用错误，采用红字更正法。第三种情况为会计凭证上金额出现错误，且所记金额大于应记金额，直接采用红字更正法，用红字冲销多记的 4 500 元（5 000—500）即可。第四种情况也是会计凭证上金额出现错误，且所记金额小于应计金额，直接采用补充登记法，用蓝字补记少记数 20 000 元（60 000—40 000）即可。

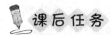 **课后任务**

实训项目任务书

实训班级		实训小组		实训姓名	
实训时间		实训项目			
实训建议	1. 规范填制记账凭证				
	2. 规范登记日记账，正确更正错账				
	3. 规范登记明细账，正确更正错账				
	4. 规范登记总账，正确更正错账				
实训步骤	1. 解析原始凭证	(1) 摘要			
		(2) 经济业务内容			
		(3) 会计分录			
	2. 填制记账凭证	(1) 选择记账凭证			
		(2) 记账凭证填制要求			
		(3) 记账凭证规范审核			
	3. 建明细账	(1) 债权债务明细账			
		(2) 数量金额明细账			
		(3) 成本费用明细账			
	4. 登记总账	(1) 登账要求			
		(2) 错账更正			
自我评价	解析原始凭证	优（ ）	（ ）良	（ ）及格	不及格（ ）	备注
	填制记账凭证	优（ ）	（ ）良	（ ）及格	不及格（ ）	备注
	登记日记账	优（ ）	（ ）良	（ ）及格	不及格（ ）	备注
	登记明细账	优（ ）	（ ）良	（ ）及格	不及格（ ）	备注
	登记总账	优（ ）	（ ）良	（ ）及格	不及格（ ）	备注
组长评价					
教师评价					

任务四　2013 年 11 月月末对账与结账

任务描述

月末是会计人员非常忙碌的时刻，常规工作通常包括月末对账与结账、会计报表的编制、会计档案整理与装订。其中月末的对账与结账工作是会计人员非常重要的一项工作。它既可以对本月核算进行检测，又可以对全部经济信息进行统计，便于考量。对账主要的依据是本月已经登记的总账、日记账、明细账，对账主要是对总账与日记账、明细账进行核对，日记账、明细账与库存核对等工作，而结账则是采用一定的格式和方法进行发生额与余额的计算；本次任务重在学习月末结账。

任务准备

1. 总分类账、明细分类账、日记账；会计凭证；
2. 实训耗材；
3. 实训工具。

任务指导

一、对账

对账就是核对账目。按照《会计基础工作规范》的要求，各单位应当定期将会计账簿记录的有关数字与库存实物、货币资金、有价证券、往来单位或个人等进行相互核对，保证账证相符、账账相符、账实相符，对账工作每年至少进行一次，包括账证核对、账账核对、账实核对。

1. 账证核对

账证核对就是各种账簿（总分类账、明细分类账以及现金和银行存款日记账）与会计凭证（记账凭证和所有附加的原始凭证）进行核对，做到账证相符。这种核对，一般是在日常工作中进行，月终如果发现有差错，则回头将账簿记录与会计凭证逐一核对，以查明原因。

2. 账账核对

账账核对是各种账簿之间的有关记录相互核对，核对方法如下。

各总分类账的借方期末余额合计数与贷方期末余额合计数核对相符。

各总分类账的借方、贷方本期发生额和期末余额与所属明细分类账的借方、贷方本期发生额和期末余额之和应核对相符。

现金日记账和银行存款日记账的余额与总分类账余额核对相符。

会计部门财产物资明细分类账与财产物资保管和使用部门的有关财产物资明细分类账核对相符。

3. 账实核对

账实核对是把各种财产物资的账面余额与实存数额进行核对。一般通过财产清查的方法进行。包括：现金日记账账面余额与现金实际库存数相核对，银行存款日记账账面余额与银行对账单相核对，各种账物明细账账面余额与财物实存数额相核对，各种应收、应付款明细账账面余额与有关债权、债务单位或个人提供的余额相核对等。

4. 账表核对

账表核对是会计账簿记录与会计报表有关内容核对相符的简称。保证账表相符，同样也是会计核算的基本要求。由于会计报表是根据会计账簿记录及有关资料编制的，两者之间存在着相对应的关系。因此，通过检查会计报表各项目的数据与会计账簿有关数据是否一致，确保会计信息的质量。

二、月末结账

结账是会计期末对账簿记录的总结。具体来说就是把一定时期内应记入账簿的经济业务全部登记入账后，结算出每一个账户的本期发生额合计和期末（如有余额）余额，然后将余额结转下期或者转入新账。结账包括日结、月结和年结三种。会计人员应按照规定，对现金、银行存款日记账按日结账，对其他账户按月、季、年结账。应收账款总账月结如表 2 - 11 所示。

（一）结账的一般程序

（1）将本期发生的经济业务事项全部登记入账，并保证其正确性。

（2）根据权责发生制的要求，调整有关账项，合理确定本期应计的收入和应计的费用。

（3）将损益类科目转入"本年利润"科目，结平所有损益类科目。

对于各种收入、费用类账户的余额应在有关账户之间进行结转。如将主营业务收入、主营业务成本、管理费用、财务费用、销售费用等损益类账户的余额转入本年利润账户，以便在账簿上重新记录下一个会计期间的业务。结账分录也需要登记到相应的账簿中去。

（4）结算出资产、负债和所有者权益科目的本期发生额和余额，并结转下期。

（二）结账的一般方法

结账时应当根据不同的账户记录，分别采用不同的方法。

（1）对不需按月结计本期发生额的账户，如各项应收款明细账和各项财产物资明细账等，每次记账以后，都要随时结出余额，每月最后一笔余额即为月末余额。月末结账时，只需要在最后一笔经济业务事项记录之下通栏划单红线，不需要再结计一次余额。

（2）现金、银行存款日记账和需要按月结计发生额的收入、费用等明细账，每月结账时，要在最后一笔经济业务记录下面画一单红线，结出本月发生额和余额，在摘要栏内注明"本月合计"或"本月发生额及余额"字样，在"借方"栏、"贷方"栏或"余额"栏分别填入本月合计数和月末余额，同时在"借或贷"栏内注明借贷方向，在下面再画一条单红线。

需要结计本月发生额的某些账户，如果本月只发生一笔经济业务，由于这笔记录的金额就是本月发生额，结账时，只要在此行记录下画一单红线，表示与下月的发生额分开就可以了，不需另结出"本月合计"数。

（3）需要结计本年累计发生额的某些明细账户，每月结账时，应在"本月合计"行下结出自年初起至本月末止的累计发生额，登记在月份发生额下面，在摘要栏内注明"本年累计"字样，并在下面通栏画单红线。注意：12 月末的"本年累计"就是全年累计发生额，全年累计发生额下通栏画双红线。

（4）总账账户平时只需结出月末余额。

（三）实务中结账的具体操作步骤

步骤 1：先对本月所有凭证重新进行审核，仔细核对以减少差错。月末结账是建立在日常会计凭证的日清基础上，要求日常的会计凭证数据和分录准确无误。

步骤 2：进行以下项目的账实核对。

（1）现金：在结账日末进行清盘，编制盘点表。对平现金可以证明所有记录中有现金的分录正确。不平应查现金日记账和所有现金相关凭证，查清原因进行处理。

（2）银行存款：根据所有明细账户编制银行存款调节表，对平银行账。

（3）存货：包括原材料、在产品、产成品等。在月末应进行盘点，并对盘点结果与明细账进行核对，如有差异应查清原因进行处理。

步骤 3：核对税务报表与应交税费明细账等账户的钩稽关系

步骤 4：查看所有明细科目余额对于有异常的方向余额的进行调整。

（1）对应收应付账的核对。

（2）对所有明细账与总账进行核对。

（3）清查应收账款、应付账款、预收账款、预付账款有无串户情况进行清理。

（4）查看应收账款、预付账款、其他应收款明细账所有明细有无贷方余额，如有应查清原因进行调整。一般原因为做错账户或一户单位开了二个明细。如应收账款贷方应调到预收账款，预付账款贷方应调到应付账款，其他应收款应调到其他应付款等。同理应付账款、预收账款、其他应付款应清查借方余额。

步骤 5：进行月末结账的转账分录的编制：

（1）按权责任发生制原则计提所有费用。如工资、福利费、营业税等。

（2）摊销低值易耗品、无形资产、计提折旧等费用等。

（3）结转本年利润，结平所有损益类科目（具体结账分录可以要结合企业实际）。

表 2 - 11 应收账款总账

20××年		凭证种类与号数		摘要	对方科目	借方	贷方	借或贷	余额
月	日	号	数						
11	17			承前页		78 000	46 000	借	72 000
11	20	收	4	收回应收款	银行存款		60 000	借	12 000
11	28	收	10	收回应收款	银行存款		12 000	平	0
11	30			月　结		78 000	118 000	平	0

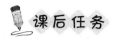 课后任务

实训项目任务书

实训班级		实训小组		实训姓名	
实训时间		实训项目			

实训建议	1. 明确月末对账工作的意义		
	2. 规范对账程序，熟悉对账内容，掌握对账方法		
	3. 熟悉月末结账的程序，掌握结账方法		
	4. 掌握月末结账账务处理		

实训步骤	1. 月末对账	（1）为何对账
		（2）对账内容
		（3）对账方法
	2. 月末结账	（1）为何结账
		（2）结账程序
		（3）总账结账方法
		（4）日记账结账方法
		（5）债权债务明细账结账方法
		（6）数量金额明细账结账方法
		（7）成本费用明细账结账方法

自我评价	月末对账	优（　）	（　）良	（　）及格	不及格（　）	备注
	月末结账	优（　）	（　）良	（　）及格	不及格（　）	备注

组长评价	

教师评价	

任务五　2013年11月会计报表编制

任务描述

　　会计人员根据企业日常会计核算资料，按照国家统一要求的格式和方法进行归类整理，编制的用以反映企业一定时期财务状况、经营成果和现金流量的书面文件，就是会计报表。会计报表是企业财务会计报告的重要组成部分，是对企业经济业务高度概括性的总结，是对外对内提供的报告性文件。根据11月期末总账账户余额表和明细账账户余额表编制资产负债表，根据损益类账户表编制利润表。11月资产负债表与利润表为月报表。

任务准备

　　1. 总账账户余额表、明细账账户余额表；
　　2. 实训耗材；
　　3. 实训工具。

任务指导

一、会计报表的种类

　　月末需要编制的会计报表包括资产负债表、利润表、现金流量表。

二、资产负债表编制

　　本表反映企业一定日期全部资产、负债和所有者权益的情况。

　　（1）本表"年初数"栏内各现数字，应根据上年年末资产负债表"期末数"栏内所列数字填列。如果本年度资产负债表规定的各个项目的名称和内容同上年度不一致，应对上年年末资产负债表各项目的名称和数字按照本年度的规定进行调整，填入本表"年初数"栏内。

　　（2）本表"期末数"各项目填列方法：

　　①根据总分类账账户期末余额直接填列；

　　②根据总分类账账户期末余额计算填列；

　　③根据明细分类账户余额计算填列；

　　④根据总分类账户余额和明细分类账户余额计算填列；

⑤综和运用上述填列方法计算填列。

有关项目填列方法如表2-12所示。

表2-12 有关项目填列方法

项目名称	填列方法
货币资金	货币资金＝（库存现金＋银行存款＋其他货币资金）总账余额
应收账款	应收账款＝"应收账款"明细账借方余额＋"预收账款"明细账借方余额－"坏账准备"余额
预付账款	预付账款＝"预付账款"明细账借方余额＋"应付账款"明细账借方余额
存货	存货＝所有存货类总账余额合计＋"生产成本"总账余额－"存货跌价准备"总账余额
固定资产	固定资产＝"固定资产"总账余额－"累计折旧"总账余额－"固定资产减值准备"总账余额
无形资产	无形资产＝"无形资产"总账余额－"累计摊销"总账余额－"无形资产减值准备"总账余额
长期股权投资	长期股权投资＝"长期股权投资"总账余额－"长期股权投资减值准备"总账余额
预收账款	预收款项＝"预收账款"明细账贷方余额＋"应收账款"明细账贷方余额
应付账款	应付账款＝"应付账款"明细账贷方余额＋"预付账款"明细账贷方余额
长期借款	长期借款＝"长期借款"总账余额－明细账中1年内到期的"长期借款"
长期待摊费用	长期待摊费用＝"长期待摊费用"总账余额－明细账中1年内"长期待摊费用"
未分配利润	未分配利润＝（本年利润＋利润分配）总账余额

三、利润表编制

（1）本表反映企业在一定期间内实现利润（亏损）的实际情况。

（2）本表"本月数"栏反映各项目的本月实际发生数。在编制年度财务会计报告时，填列上年全年累计实际发生数。如果上年度利润表与本年度利润表的项目名称和内容不一致，应对上年度利润表项目的名称和数字按本年度的规定进行调整，填入本表。本表"本年累计数"栏反映各项目自年初起至报告期末止的累计实际发生数。

（3）本表各项目的填列方法。根据损益类账户发生额分析填列。

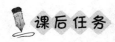 课后任务

实训项目任务书

实训班级		实训小组		实训姓名	
实训时间		实训项目			

实训建议	1. 明确月报的种类		
	2. 熟悉会计报表的格式与项目		
	3. 掌握会计报表的编制方法		

实训步骤	1. 月报有哪些	（1）
		（2）
	2. 如何编制资产负债表	（1）资产负债表格式
		（2）年初数填列方法
		（3）本年年末数填列方法
		（4）货币资金项目的填列公式
		（5）存货项目填列公式
		（6）应收账款与预付账款项目的填列公式
		（7）其他项目的填列
	3. 如何编制利润表	（1）年初数填列方法
		（2）年末数填列方法

自我评价	月报种类	优（ ）	（ ）良	（ ）及格	不及格（ ）	备注
	资产负债表填列	优（ ）	（ ）良	（ ）及格	不及格（ ）	备注
	利润表填列					

组长评价	

教师评价	

任务六　2013 年 11 月会计凭证整理与装订

 **任务描述**

会计凭证同会计账簿、财务会计报告等会计核算专业资料同属于会计档案，它是记录和反映经济业务的重要史料和证据。学会整理会计凭证、掌握装订会计凭证的相关方法，是会计档案管理的重要前提。

任务准备

1. 编制的记账凭证；
2. 装订工具及装订材料。

任务指导

一、会计凭证的整理

整理会计凭证是每一位会计工作者面对的问题，而且是会计档案工作所必需的。

会计凭证包括原始凭证和记账凭证，整理好原始凭证对整理记账凭证的工作有很大的促进作用。在实际工作中，取得的原始凭证种类很多，整理时不应将其混在一起，应分门别类地存放。因此，装订会计凭证之前，必须逐张逐页对所附原始凭证进行整理加工，具体做法如下。

原始凭证粘贴不牢的要重新粘贴；原始单据折叠欲断的，要在背面用纸条贴补；折角叠张的要展开；零散较小的原始单据要自右向左，移位重叠粘贴在一张与记账凭证大小相仿的粘贴单上；一式多联的复写收据和交款凭证，应并列排开进行装订，以减少成册后两端薄厚不均；比会计凭证封面大的原始凭证，从下端按会计凭证封面的宽度，进行一次或多次折叠，可以采用反面折叠，查阅时不易撕破，提高查阅时的效率，又便于保持原始凭证的完整。经过上述加工整理，使待装订记账凭证舒展平整，原始凭证粘贴牢固、宽窄厚薄均匀，从而保证每一张凭证整齐美观大方。

二、会计凭证的装订

会计装订是每一个会计人员必备的一项会计技能，会计凭证记账后，应及时装订。装订的范围：原始凭证、记账凭证、科目汇总表、银行对账单等。科目汇总表的工作底稿也可以装订在内，作为科目汇总表的附件。使用计算机的企业，还应将转账凭证清单等装订在内。

(一) 会计凭证装订方法

会计凭证的装订方法有：角订法和侧订法。装订记账凭证一般采用"顶齐法"装订，即将记账凭证和所附原始凭证顶齐左上角后装订。这种装订方法翻阅方便，但原始单据容易散失，成册后下部薄而空，竖放站立不稳，平放三四本摞起来后就一边倒。也可以采用"底齐法"装订，即以底边和左侧面为准进行装订。

在装订会计凭证时一定将包角纸与封皮、凭证一起装订，否则包角纸就起不到封条的作用了。同时，在凭证册的背面起针、收针、打线绳结，将包角纸向后折叠，并将侧面和背面的线绳粘牢，否则容易被破坏。

各种记账凭证连同所附的原始凭证或原始凭证汇总表整理加工装订成册后，应加具"会计凭证装订封面"，注明单位名称、年度、月份和起讫日期、凭证种类、起讫号码，并由装订人在装订封面签名或盖章。对于数量过多的原始凭证，如收料单、发料单等，可以单独装订保管，在封面上注明原始凭证名称及编号，同时，在记账凭证上注明"附件另订"。

(二) 会计凭证装订成册

会计凭证使用完毕后，必须将其装订成册，以便于归档保管。在装订成册时应当按照以下要求进行。

(1) 会计部门在记账之后，要将本月的各种记账凭证，连同所附属的原始凭证或原始凭证汇总表，进行分类并按顺序编号，定期（每天或每旬或每月）装订成册，加具封面、封底等。为防止任意拆装，还应该在装订处加盖骑缝章。

(2) 对于某些性质相同的，且数量很多的，或随时需要查阅的原始凭证，如收料单、发料单可以单独装订保管，在封面上既要注明记账凭证的日期、编号及种类，同时，还要在记账凭证上注明"附件另订"和原始凭证的名称和编号。

(3) 对于各种经济合同，存出保证金收据、契约、提货单及重要的涉外文件等凭证，另编目录，单独登记保存，并在有关记账凭证和原始凭证上面，相互注明日期和编号。

(三) 会计凭证装订步骤

步骤1：会计凭证装订前的准备工作。

(1) 分类整理，按顺序排列，检查日期、编号是否齐全；

(2) 按凭证汇总日期归集（如按上、中、下旬汇总归集），确定装订成册的本数；

(3) 除去凭证内的金属物（如订书钉、大头针、回形针），对大的张页或附件要折叠成同记账凭证大小，且要避开装订线，以便翻阅保持数字完整；

(4) 整理检查凭证顺序号，如有颠倒要重新排列，发现缺号要查明原因，再检查附件是否漏缺，领料单、入库单、工资、奖金发放单是否随附齐全；

（5）检查记账凭证上有关人员（如财务主管、复核、记账、制单等）的印章是否齐全。

步骤 2：会计凭证的装订顺序。

（1）准备装订工具与装订材料

装订会计凭证需准备的装订工具有装订机、剪刀、钳子、改锥、斧头、刀子、铁夹子、毛刷、两把 30 厘米长的格尺、适度大小的平木板、毛线针、捆绑线绳或工程线、糨糊或胶水、凭证封面、凭证封底、薄厚约 3 毫米的纸箱或其他材料。

（2）折叠封面

将记账凭证封面按照记账凭证的长度折叠一次，向外露的面向里折叠，再在需钻眼一侧按照装订宽度折叠一次，放到每一部分的凭证上。

（3）捆绑凭证

将整理好的凭证用捆绑线绳从中央控绑牢或用夹子夹好。

（4）钻眼

将会计凭证需钻眼的一侧放到钻机上进行钻眼，钻三个眼，两边的眼要在装订线上，中间的眼要在装订线外略靠外边缘，这样的三点自然形成一个平面，稳定而牢固。

（5）穿线

剪 20 厘米长度的工程线，穿入毛线针眼，用针将线穿入已钻好的凭证装订眼中，用力将线系紧，打好结，将结用改锥捅入凭证装订眼中，并用斧头扎平。

（6）折棱角

为了使会计凭证的棱角突出，须对封面进行事前折叠。此时将捆绑线绳解开，将封面的一面按装订线折叠一次，按照上封面边角折叠一次，按照下封面边角折叠一次，将每一折痕折出。

（7）抹糨糊并粘贴

用毛刷将糨糊涂抹到凭证钻眼的一侧，需要粘贴的面都要涂抹，保证有足够的糨糊粘贴。将折叠好的封面按照折痕由里向外逐步粘贴。

（8）填写封面

按照财务档案管理的要求，将单位、时间、主管、会计、出纳、编号等一一书写清楚，归入档案。

步骤 3：会计凭证装订后的注意事项。

每本封面上填写好凭证种类、起止号码、凭证张数、会计主管人员和装订人员签章；在封面上编好卷号，按编号顺序入柜，并要在显露处标明凭证种类编号，以便于调阅。

经过这一过程装订出的凭证，结实、牢固、整齐、美观、大方，既便于查阅，又便于存档。

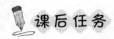 课后任务

实训项目任务书

实训班级		实训小组		实训姓名	
实训时间		实训项目			
实训建议	1. 了解会计凭证整理的意义与方法				
	2. 掌握会计凭证装订的方法				
实训步骤	1. 会计凭证的整理	（1）整理会计凭证的意义			
		（2）整理原始凭证			
		（3）整理记账凭证			
		（4）整理其他资料			
	2. 会计凭证的装订	（1）装订程序			
		（2）装订方法			
		（3）装订步骤			
		（4）装订效果			
		（5）装订感受			
自我评价	整理会计凭证	优（ ）	（ ）良	（ ）及格	不及格（ ）	备注
	装订会计凭证	优（ ）	（ ）良	（ ）及格	不及格（ ）	备注
组长评价					
教师评价					

项目三　2013年12月圣凯有限责任公司经济业务

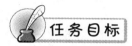 任务目标

【知识目标】

1. 继续熟悉并掌握会计核算的各种专门方法；

2. 继续熟悉会计核算的专业知识；

3. 较为熟练地掌握会计综合实训操作流程。

【能力目标】

1. 在教师引导下，较为熟练地运用会计核算的各种专门方法处理经济业务；

2. 在教师引导下，较为熟练地应用各种会计基本技能；

3. 在教师指导下，学会年底结账的方法并能够应用。

【情感目标】

1. 学会合作，学会交流，学会坚持，学会理解与包容；

2. 培养严谨、细致的工作态度；

3. 培养耐心、细心的专业品质；

4. 学会坚持，学会忍耐，学会提升，学会总结。

任务一　2013年12月日常经济业务处理

任务描述

　　11月经济业务在教师指导下初步完成，并了解了会计实训的流程，实训操作了从原始凭证的解析到记账凭证的填制、账簿的登记等一系列会计核算方法，但基础还很薄弱，还不能独立处理经济业务，特别是应对较难业务，需要再次对会计实训流程加以熟悉巩固，对经济业务加以熟练提高，因此，本着学习、熟练、提高的学习规律，开展12月经济业务的实训对于实训新手非常必要。但12月经济业务的实训工作量有所加大，实训难度有了一定程度的提升，诸如预付款、待摊、预提业务等开始出现，在解决新业务中提高自己的业务水平和解决问题的能力。本实训任务需要在教师引导

下，进一步提高对原始凭证分析解读的能力，逐步学会总结经济业务的发生规律，熟练确定会计分录与登记日记账、明细账、总账等工作。

 **任务准备**

1. 12 月经济业务的原始凭证；
2. 实训耗材；
3. 实训工具。

任务指导

一、月初无须建账

11 月经济业务已经完成并进行月结，该月份的月末余额即为 12 月的期初余额，所以，12 月无须重新建账，可以直接进行业务处理并登记相关账簿。

二、业务处理步骤

12 月会计业务处理步骤与 11 月相同，无须改变，即：

(1) 解析原始凭证；
(2) 填制与审核记账凭证；
(3) 登记日记账与明细账；
(4) 登记总账。

三、新增业务说明

(1) 业务 7、业务 10 涉及采用商业承兑汇票方式结算货款，商业承兑汇票与银行承兑汇票同属于商业汇票，注意与银行汇票结算方式相区别。

(2) 业务 12、业务 20 涉及采取预付款形式销售商品，预付账与应付账两种形式的业务处理及账户设置都有所不同。

(3) 业务 9、业务 31 涉及预付保险费和分摊保险费，需要运用权责发生制原则进行账务处理。

(4) 业务 17、业务 18 涉及交纳水电费业务，根据我国增值税税法规定，水、电、蒸汽与货物一样，都属涉税范围，应交纳增值税。

(5) 业务 21、业务 22 为营业外收、支业务，平时发生不多，注意账户运用及月末结转。

(6) 业务 29、业务 30 为水电费的分配，采用何种分配标准，如何计算分配应计入的账户都需注意。

（7）业务 36、业务 37、业务 38、业务 39 为全年净利润的结转与分配，这 4 笔业务只在年终时才会发生，而且处理难度较大，需要认真回顾以往知识，对涉及的账户、计算、结转等认真分析，正确处理。

 课后任务

实训项目任务书

实训班级		实训小组		实训姓名	
实训时间		实训项目			
实训建议	1. 规范填制记账凭证				
	2. 规范登记日记账，正确更正错账				
	3. 规范登记明细账，正确更正错账				
	4. 规范登记总账，正确更正错账				
实训步骤	1. 解析原始凭证	（1）摘要			
		（2）经济业务内容			
		（3）会计分录			
	2. 填制记账凭证	（1）选择记账凭证			
		（2）记账凭证填制要求			
		（3）记账凭证规范审核			
	3. 建明细账	（1）债权债务明细账			
		（2）数量金额明细账			
		（3）成本费用明细账			
	4. 登记总账	（1）登账要求			
		（2）错账更正			
自我评价	解析原始凭证	优（ ）	（ ）良	（ ）及格	不及格（ ）	备注
	填制记账凭证	优（ ）	（ ）良	（ ）及格	不及格（ ）	备注
	登记日记账	优（ ）	（ ）良	（ ）及格	不及格（ ）	备注
	登记明细账	优（ ）	（ ）良	（ ）及格	不及格（ ）	备注
	登记总账	优（ ）	（ ）良	（ ）及格	不及格（ ）	备注
组长评价					
教师评价					

任务二 2013年12月年末对账与结账

任务描述

  12月是2013年会计年度中的最后一个月份，年末对账与结账工作更是对会计人员业务能力的一种考量。它既需要对本月核算进行检测，又要对全年全部经济信息进行统计。对账主要的依据依然是本月已经登记的总账、日记账、明细账，对账内容包括总账与日记账、明细账进行核对，日记账、明细账与库存核对等工作；而年末结账则是采用一定的格式和方法进行发生额与余额的计算，与11月月结有所不同。本实训任务重在学习年末结账。

任务准备

1. 总分类账、明细分类账、日记账、会计凭证；
2. 实训耗材；
3. 实训工具。

任务指导

一、对账

12月的月末对账与11月末对账内容及对账方法相同，不再赘述。

二、年末结账

(一) 年末结账的程序

1. 各账户封账

  年终结账时，各账户进行月结的同时，为了反映全年各项资产、负债及所有者权益增减变动的全貌，便于核对账目，要将所有总账账户结计全年发生额和年末余额，在摘要栏内注明"本年合计"字样，并在该行下面画通栏双红线，表示"年末封账"。

2. 结转新账

  结转下年时，凡是有余额的账户，都应在年末"本年累计"行下面画通栏双红线，在下面摘要栏注明"结转下年"字样，不需编制记账凭证，但必须把年末余额转入下年新账。转入下年新账时，应在账页第一行摘要栏内注明"上年结转"字样，并在余额栏内填写上年结转的余额。

(二) 年末结账的具体方法

1. 会计主管对总分类账进行年末结账, 并其将年末余额结转下年

(1) 总分类账年终结账的方法

年终, 在第12月的"本月合计"行的下一行摘要栏写上"本年合计"或"本年累计"(适用于损益类账户), 结出本年发生额及余额, 在"本年合计""本年累计"(适用于损益类账户)行的下面画通栏双红线。库存现金总分类账年结方法如表3-1所示。

表3-1 库存现金总分类账

2013年		凭证号数	摘 要	对方科目	借 方	贷 方	借或贷	余 额
月	日							
12	1		期初余额				借	10 000
12	3	银付1	提现	银行存款	3 000		借	13 000
	5	现付1	购办公用品	管理费用		500	借	12 500
	8	银付2	提现	银行存款	60 000		借	72 500
	8	现付2	发放工资	应付职工薪酬		60 000	借	12 500
	14	现付3	李丽出差借款	其他应收款		1 000	借	11 500
	19	现付4	存现	银行存款	8 000		借	19 500
	25	现付5	支付广告费	销售费用		5 000	借	14 500
12	31		本月合计		71 000	66 500	借	14 500
12	31		本年合计		180 000	90 000	借	16 000
			结转下年			16 000	平	-0-

(2) 年末余额结转下年的方法

年终, 在"本年合计"行的下一行摘要栏写上"结转下年", 将年末余额结转下年。在各账户的"本年合计"或本年最后一笔记录下面画通栏双红线, 表示"年末封账", 有余额的账户, 要在摘要栏加盖"结转下年"戳记, 并把余额结转到下年新账簿相应账户的余额栏。并将"结转下年"行下面的空白行自右上角至左下角画一条单红线注销, 并加盖结账人名章以示负责。

2. 记账会计对明细分类账进行年结, 并其将年末余额结转下年

明细分类账的年结、结转下年的结账方法与总账基本相同。其中: 借方多栏式或贷方多栏式账页, 结账比较特殊: 一般是在登记最后一笔结转业务之前, 先进行合计, 然后再登记最后一笔业务, 在最后一笔业务下面直接画结账线。

实际工作中, 年底封账时如果账户有余额, 结账人员还应该在余额后面加盖私章,

以示负责。

3. 出纳对日记账进行年结，并其将年末余额结转下年

日记账的年结、结转下年的结账方法与总账基本相同。年终，有余额的账户，在"本年合计"行的下一行摘要栏写上"结转下年"，将年末余额结转下年。在各账户的"本年合计"或本年最后一笔记录下面画通栏双红线，表示"年末封账"，有余额的账户，要在摘要栏加盖"结转下年"戳记，并把余额结转到下年新账簿相应账户的余额栏，并将"结转下年"行下面的空白行自右上角至左下角画一条单红线注销，并加盖结账人名章以示负责。

年度结账后总账和日记账应当更换新账，明细账一般也应更换。但有些明细账，如固定资产明细账等可以连续使用，不必每年更换。

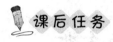课后任务

实训项目任务书

实训班级		实训小组		实训姓名	
实训时间		实训项目			

实训建议	1. 明确月末对账工作的意义				
	2. 规范对账程序，熟悉对账内容，掌握对账方法				
	3. 熟悉月末结账的程序，掌握结账方法				
	4. 掌握月末结账账务处理				

实训步骤	1. 月末对账	（1）为何对账			
		（2）对账内容			
		（3）对账方法			
	2. 月末结账	（1）为何结账			
		（2）结账程序			
		（3）总账结账方法			
		（4）日记账结账方法			
		（5）债权债务明细账结账方法			
		（6）数量金额明细账结账方法			
		（7）成本费用明细账结账方法			

自我评价	月末对账	优（　）	（　）良	（　）及格	不及格（　）	备注
	月末结账	优（　）	（　）良	（　）及格	不及格（　）	备注

组长评价	
教师评价	

任务三　　2013年12月会计报表编制与分析

任务描述

　　会计报表是企业经营情况的晴雨表，特别是年终信息的真实与虚假对报表使用者至关重要。提供客观真实的会计信息是对会计工作者的基本要求。12月是2013年会计年度中的最后一个月份，因此，既要编制月报，也要编制年报。月报表有资产负债表、利润表，年报表有资产负债表、利润表和现金流量表。年终，还需要对会计报表进行分析。会计报表的真正价值是通过对其分析来预测未来的盈利、股利、现金流量及其风险，以帮助公司管理当局规划未来，帮助投资者进行决策。会计报表分析的目的是联系企业的某些决策作出预报，管理当局、政府机构等越来越关心这种预报。会计报表分析的具体目的因报表使用人不同而有区别。

任务准备

1. 总分类账，记账凭证；
2. 空白资产负债表，空白利润表；
3. 实训耗材；
4. 实训工具。

任务指导

一、会计报表的种类

12月末既要编制月报（资产负债表、利润表），同时也要编制年报（资产负债表、利润表、现金流量表）。

二、会计报表编制方法

会计报表的编制方法见项目二任务四，不再赘述。

三、会计报表分析

　　会计报表分析是为了将会计报表数据转化成有用的信息，以帮助会计报表使用人能够有效地利用这些信息，并做出有用的决策。现代的会计报表分析一般包括战略分析、会计分析、前景分析和财务分析等几个部分。现将财务分析中通常所用到的财务比率进行分类介绍，根据所评价的目标不同分成三类：偿债能力比率、营运能力比率以及盈利能力比率。

（一）偿债能力比率

债务一般按到期时间分为短期债务和长期债务，偿债能力分析也由此分为短期偿债能力分析和长期偿债能力分析两部分。

1. 短期偿债能力指标

企业通常使用流动比率、速动比率和现金流动比率来衡量企业的短期偿债能力。

（1）流动比率。流动比率是流动资产与流动负债的比值，其计算公式如下：

$$流动比率＝流动资产/流动负债$$

流动比率表示每 1 元流动负债还有多少流动资产作为偿债保障。一般情况下，该比率越高，反映企业短期偿债能力越强，债权人的权益越有保证。国际上通常认为最低流动比率为 2 比较合理。

使用该比率的时候应当注意以下几个问题。

①虽然流动比率越高，企业偿还短期债务的流动资产保证程度越强，但这并不等于企业已有足够的现金或存款用来偿债。原因在于流动资产的质量如何影响企业真实的偿债能力。比如，流动比率高，也可能是存货积压、应收账款增加且收款期延长，以及待处理财产损失增加所致。

②从短期债权人的角度看，自然希望流动比率越高越好。但从企业经营角度看，过高的流动比率通常意味着企业闲置现金的持有量过多，必然造成企业机会成本的增加和获利能力的降低。

③流动比率是否合理，不同企业以及同一企业不同时期的评价标准是不同的。

④应剔除一些虚假因素的影响。

因此，最近几十年，企业的经营方式和金融环境发生了很大的变化，流动比率有下降的趋势，很多成功的企业流动比率都低于 2。

（2）速动比率。速动资产与流动负债的比值，称为速动比率。其中速动资产指的是货币资金、交易性金融资产和各种应收款项等，可以在较短时间内变现的资产。其计算公式如下：

$$速动资产＝货币资金＋交易性金融资产＋应收账款＋应收票据$$
$$＝流动资产－存货－预付账款——年内到期的非流动资产－其他流动资产$$
$$速动比率＝速动资产/流动负债$$

速动比率表示，每 1 元流动负债有多少速动资产作为偿债保障。一般情况下，该比率越高，表明企业偿还流动负债的能力越强。国际上通常认为速动比率为 1 时较为恰当。

使用该比率的时候应当注意以下几个问题。

①比率也不是越高越好。速动比率高，尽管短期偿债能力较强，但现金、应收账款占用过多，会增加企业的机会成本，影响企业的获利能力。

②速动比率较之流动比率更能反映出流动负债偿还的安全性和稳定性，但并不能认为速动比率较低的企业的流动负债到期绝对不能偿还。如果存货流转顺畅，变现能力较强，即使速动比率较低，只要流动比率高，企业仍然有望偿还到期的债务本息。

（3）现金流量比率。经营活动现金流量净额与流动负债的比值，称为现金流量比率。经营活动现金流量净额，通常使用的是现金流量表中的"经营活动产生的现金流量净额"。它代表企业创造现金的能力，已经扣除了经营活动自身所需的现金流出，是可以用来偿债的现金流量。其计算公式如下：

$$现金流量比率＝经营活动现金流量净额/流动负债$$

现金流量比率表示，每 1 元流动负债的经营活动现金流量保障程度。该比率越高，偿债能力越强。

2. 长期偿债能力指标

通常用到资产负债率、产权比率、权益乘数和利息保障倍数等来衡量企业的长期偿债能力。

（1）资产负债率是指总负债占总资产的百分比，其计算公式如下：

$$资产负债率＝（总负债/总资产）\times 100\%$$

资产负债率表示公司总资产中有多少是通过负债筹集的，该指标是评价公司负债水平的综合指标。该指标越低，企业的偿债能力越有保证，贷款越容易。资产负债率的高低标准不是一成不变的，它要看从什么角度分析，债权人、投资者（或股东）、经营者各不相同；还要看国际国内经济大环境是顶峰回落期还是见底回升期；还要看管理层是激进者中庸者还是保守者，所以多年来也没有统一的标准，但是对企业来说：一般认为，资产负债率的适宜水平是 40%～60%。

（2）产权比率和权益乘数是资产负债率的另外两种表现形式，与资产负债率的性质一样，其计算公式如下：

$$产权比率＝（总负债/股东权益）\times 100\%$$

$$权益乘数＝（总资产/股东权益）\times 100\%$$

产权比率表示每 1 元股东权益借入的债务额。权益乘数表示每 1 元股东权益拥有的资产额。一般情况下，产权比率越低，表明企业的长期偿债能力越强，债权人权益的保障程度越高，承担的风险越小，但企业不能充分地发挥负债的财务杠杆效应。权益乘数越大，表明企业负债较多，一般会导致企业财务杠杆率较高，财务风险较大。

（3）利息保障倍数是指息税前利润对利息费用的倍数。其中，息税前利润指的是不扣除利息也不扣除所得税的利润，利息费用是指本期全部应付利息，不仅包括应计入利润表财务费用的利息费用，还应当包括计入固定资产成本的资本化利息。计算公式如下：

$$利息保障倍数＝息税前利润/利息费用$$
$$＝（净利润＋利息费用＋所得税费用）/利息费用$$

利息保障倍数表明，每 1 元利息支付有多少倍的息税前利润作为保障。它可以反映债务政策的风险大小，利息保障倍数越大，利息支付越有保障。如果利息支付尚且缺乏保障，归还本金就更加难以指望。因此，利息保障倍数可以反映长期偿债能力。一般认为，利息保障倍数应当大于 1。

上述的偿债能力比率，都是根据财务报表计算得出来的。还有一些表外因素影响企业的偿债能力。比如，可动用的银行贷款指标、准备很快变现的非流动资产、偿债能力的声誉、或有负债、合同中的承诺付款会对企业的短期偿债能力造成影响，长期诉讼、债务担保和未决诉讼等可能影响企业的长期偿债能力。

（二）营运能力比率

营运能力比率是衡量企业资产管理效率的财务比率。常见的有应收账款周转率、存货周转率、流动资产周转率、非流动资产周转率和总资产周转率等。

1. 应收账款周转率

应收账款周转率是销售收入与应收账款的比率。它可以用两种形式来表达：应收账款周转次数、应收账款周转天数。其计算公式如下：

$$应收账款周转次数＝销售收入/应收账款$$

$$应收账款周转天数＝365/（销售收入/应收账款）$$

应收账款周转次数表明，一年中应收账款周转的次数，或者说明每 1 元应收账款投资支持的销售收入。应收账款周转天数表明从销售开始到收回现金平均需要的天数。一般情况下，应收账款周转率越高越好，周转率（次数多，天数少）高，表明收账迅速，账龄较短；资产流动性强，短期偿债能力强；可以减少坏账损失等。

使用该比率的时候应当注意以下几个问题：

①公式中的应收账款包括会计核算中"应收账款"和"应收票据"等全部赊销账款在内；

②应收账款周转率除了可以反映运营能力之外，还可以反映企业的短期偿债能力；

③应收账款周转天数并非越短越好。应收账款是赊销引起的，如果赊销有可能比现销更有利，周转天数就不是越少越好，这与企业的信用政策有关。

2. 存货周转率

存货周转率是销售收入与存货的比率。它可以用两种形式来表达：存货周转次数和存货周转天数。其计算公式如下：

$$存货周转次数＝销售收入/存货$$

$$存货周转天数＝365/（销售收入/存货）$$

存货周转次数表明，一年中存货周转的次数，或者说明每 1 元存货支持的销售收入。存货周转天数表明，存货周转一次需要的时间，也就是存货转换成现金平均需要的时间。一般来讲，存货周转率越高越好，存货周转率越高，表明其变现的速度越快、周转额越大、资金占用水平越低。存货周转速度的快慢，不仅反映出企业采购、储存、生产、销售各环节管理工作状况的好坏，而且对企业的偿债能力及获利能力产生决定性的影响。

使用该比率的时候应当注意以下两个问题：

①计算使用存货周转率时，要根据使用的目的，确定周转额应当使用"销售收入"还是"销售成本"；

②存货周转天数不一定越少越好。存货过多会浪费资金，存货过少不能满足流转需要，应当在特定的生产经营条件下存在一个最佳的存货水平。

3. 流动资产周转率

流动资产周转率是销售收入与流动资产的比率。它可以用两种形式来表达：流动资产周转次数和流动资产周转天数。其计算公式如下：

$$流动资产周转次数＝销售收入/流动资产$$

$$流动资产周转天数＝365/（销售收入/流动资产）$$

流动资产周转次数表明，一年中流动资产周转的次数，或者说明每 1 元流动资产支持的销售收入。流动资产周转天数表明，流动资产周转一次需要的时间，也就是流动资产转换成现金平均需要的时间。

通常流动资产中应收账款和存货占绝大部分，因此，它们的周转状况对于流动资产具有决定性影响。

4. 非流动资产周转率

非流动资产周转率是销售收入与非流动资产的比率。它可以用两种形式来表达：非流动资产周转次数和非流动资产周转天数。其计算公式如下：

$$非流动资产周转次数＝销售收入/非流动资产$$

$$非流动资产周转天数＝365/（销售收入/非流动资产）$$

非流动资产周转次数表明，一年中非流动资产周转的次数，或者说明每 1 元非流动资产支持的销售收入。非流动资产周转天数表明，非流动资产周转一次需要的时间，也就是非流动资产转换成现金平均需要的时间。

非流动资产周转率反映非流动资产的管理效率，主要用于投资预算和项目管理分析以确定投资与竞争战略是否一致等。

5. 总资产周转率

非流动资产周转比率是销售收入与总资产的比率。它可以用两种形式来表达：总资产周转次数和总资产周转天数。其计算公式如下：

$$总资产周转次数＝销售收入/总资产$$

$$总资产周转天数＝365/（销售收入/总资产）$$

总资产周转次数表明，一年中总资产周转的次数，或者说明每 1 元总资产支持的销售收入。总资产周转天数表明，总资产周转一次需要的时间，也就是总资产转换成现金平均需要的时间。总资产周转率是综合评价企业全部资产的经营质量和利用效率的重要指标。周转率越大，说明总资产周转越快，反映出销售能力越强。

（三）盈利能力比率

盈利能力比率是指企业正常经营赚取利润的能力，是企业生存发展的基础。常见的有销售净利率、总资产净利率、权益净利率等。

1. 销售净利率

销售净利率简称"净利率"，是指企业实现净利润与销售收入的对比关系，用以衡量企业在一定时期的销售收入获取的能力。"销售收入"是利润表第一行数字，"净利润"是利润表最后一行数字，其计算公式如下：

$$销售净利率＝（净利润/销售收入）\times 100\%$$

销售净利率可以概括企业全部的经营成果，反映每一元销售收入带来的净利润的多少，表示销售收入的收益水平。该比例与净利润成正比关系，与销售收入成反比关系，企业在增加销售收入额的同时，必须相应地获得更多的净利润，才能使销售净利率保持不变或有所提高。销售净利率越高说明企业的盈利状况越好。

2. 总资产净利率

总资产净利率是指公司净利润与平均资产总额的百分比。其计算公式如下：

$$总资产净利率＝（净利润/平均资产总额）\times 100\%$$

$$平均资产总额＝（期初资产总额＋期末资产总额）\div 2$$

该指标反映的是公司运用全部资产所获得利润的水平，即公司每占用 1 元的资产平均能获得多少元的利润。该指标越高，表明公司投入产出水平越高，资产运营越有效，成本费用的控制水平越高，体现出企业管理水平的高低。总资产净利率是企业盈利能力的关键，该比率越高说明企业的盈利状况越好。

3. 权益净利率

权益净利率是企业净利润与股东权益的比率，反映所有者权益所获报酬的水平，股东权益是资产负债表上的数据。其计算公式如下：

$$权益净利率＝（净利润/股东权益）\times 100\%$$

权益净利率表示，每 1 元股东权益赚取的净利润。该比率分母是股东的投入，分子是股东所得，对于投资者来说，具有非常好的综合性，概括了企业的全部经营业务和财务业绩。权益净利率是传统杜邦分析体系的核心内容。权益净利率越高，说明企业的盈利状况越好。

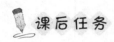 课后任务

实训项目任务书

实训班级		实训小组		实训姓名		
实训时间		实训项目				
实训建议	1. 明确月报的种类					
	2. 熟悉会计报表的格式与项目					
	3. 掌握会计报表的编制方法					
	4. 了解会计报表分析指标的意义					
实训步骤	1. 月报有哪些	(1)				
		(2)				
	2. 如何编制资产负债表	(1) 资产负债表格式				
		(2) 年初数填列方法				
		(3) 本年年末数填列方法				
		(4) 货币资金项目的填列公式				
		(5) 存货项目填列公式				
		(6) 应收账款与预付账款项目的填列公式				
		(7) 其他项目的填列				
	3. 如何编制利润表	(1) 年初数填列方法				
		(2) 年末数填列方法				
	4. 会计报表分析指标	(1) 报表分析指标有哪些				
		(2) 评价企业短期偿债能力有哪些指标？对企业有何指导意义				
		(3) 评价企业长期偿债能力有哪些指标？对企业有何指导意义				
		(4) 评价企业营运能力有哪些指标？对企业有何指导意义				
		(5) 评价企业盈利能力有哪些指标？对企业有何指导意义				
自我评价	月报种类	优（ ）	（ ）良	（ ）及格	不及格（ ）	备注
	资产负债表填列	优（ ）	（ ）良	（ ）及格	不及格（ ）	备注
	利润表填列					
	报表分析					
组长评价						
教师评价						

任务四　2013年12月会计档案整理与装订

任务描述

　　会计档案的整理，是指按照一定的方法和程序，将零散和需要进一步条理化的会计资料，通过分类、组合、立卷、排列和编目，组成有序体系的过程。一般采用年度作为保管期限。分类组卷，即把一个单位形成的会计档案先按年度分开，然后再按名称分类，在每一类中按保管期限顺序排列，一年或若干年编一个流水序号。12月为2013年年终的时间，本实训任务在进行本月会计档案资料的整理装订的同时，对该公司本年度不同的会计档案资料进行分类归档。

任务准备

　　1. 总分类账，明细账，日记账，记账凭证；

　　2. 实训耗材；

　　3. 实训工具。

任务指导

一、会计档案的整理

　　会计年度终了后，对会计资料进行整理立卷。会计档案的整理一般采用"三统一"的办法，即分类标准统一、档案形成统一、管理要求统一，并分门别类将会计档案按各卷顺序编号。

　　（1）分类标准统一：一般将财务会计资料分成第一类会计凭证，第二类会计账簿，第三类财务会计报告，第四类财务分析报告，第五类全面预算报告，第六类电子数据，第七类经济合同，第八类其他。

　　（2）档案形成统一：案册封面、档案卡夹、存放柜和存放序列统一。

　　（3）管理要求统一：建立会计档案移交清册、会计档案调阅清册、会计档案保管/销毁清册；会计凭证装订成册，会计账簿、财务会计报告、财务分析报告、经济合同和文字资料分类立卷，电子数据磁盘按年度排序装放成袋。

二、会计档案的装订

　　装订方法同11月，不再赘述。

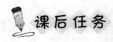 课后任务

实训项目任务书

实训班级		实训小组		实训姓名		
实训时间		实训项目				
实训建议	1. 了解会计凭证整理的意义与方法					
	2. 掌握会计凭证装订的方法					
实训步骤	1. 会计凭证的整理	（1）整理会计凭证的意义				
		（2）整理原始凭证				
		（3）整理记账凭证				
		（4）整理其他资料				
	2. 会计凭证的装订	（1）装订程序				
		（2）装订方法				
		（3）装订步骤				
		（4）装订效果				
		（5）装订感受				
自我评价	整理会计凭证	优（ ）	（ ）良	（ ）及格	不及格（ ）	备注
	装订会计凭证	优（ ）	（ ）良	（ ）及格	不及格（ ）	备注
组长评价						
教师评价						

项目四 2014 年 1 月圣凯有限责任公司经济业务

 **任务目标**

【知识目标】

1. 掌握会计核算的各种专门方法；

2. 掌握会计核算的专业知识；

3. 掌握会计综合实训操作流程及细节。

【能力目标】

1. 独立运用会计核算的各种专门方法处理经济业务；

2. 独立应用各种会计基本技能；

3. 独立进行月末结账的处理，体会与年结的不同之处；

4. 独立并主动分析问题，解决问题。

【情感目标】

1. 培养踏实稳健的工作作风；

2. 培养严谨细致的工作态度；

3. 学会坚持，学会忍耐，学会提升，学会总结；

4. 学会快乐学习，学会自主学习。

任务一 年初建账

 **任务描述**

圣凯有限责任公司 2013 年 11 月、12 月的经济业务已经完成，年底已经封账。2014 年 1 月进入新的会计年度，作为连接 2013 年和 2014 年的第一个月，需要注意启用哪些新的账簿，哪些账簿可以继续使用，在年初建账时需要注意哪些问题，对于整个会计年度实训业务的顺利开展和进行有着至关重要的意义。本实训主要是学会年初过账与建立新账，为新的会计年度开展 1 月实训做好准备。

任务准备

1. 2013 年 12 月期末余额资料；
2. 空白总分类账、日记账、明细分类账或账页；
3. 粘贴索引纸（账户标签）；
4. 账夹。

任务指导

一、年初建账

会计账簿的更换通常在新会计年度建账时进行。实际工作中，并不是每一个单位所有的会计账簿都需要重新建立。单位哪些账簿需要重建或更换，哪些账簿不用重建，可以继续使用，存在一定规律。一般来说，总账、日记账和多数明细账应每年更换一次。但有些财产物资明细账和债权债务明细账，由于品种、规格和往来单位较多，更换新账，重抄一遍工作量较大，因此，可以跨年的使用，不必每年更换一次，如固定资产明细账等可以连续使用，不必每年更换。备查账簿可以连续使用。

（一）年初，需新建的账簿

（1）总账。

（2）日记账。日记账包括现金日记账和银行存款日记账等。

（3）三栏式明细账。如实收资本明细账、短期借款明细账、长期借款明细账、资本公积明细账等。

（4）收入、费用（损益类）明细账。

上述账簿必须每年更换一次，也就是在年初重新建账。

（二）年初，可跨年使用的账簿

（1）卡片式账簿。如卡片等。

（2）数量金额式明细账。如仓库保管员登记的数量金额式材料明细账、库存商品明细账等。

（3）备查账。如租入固定资产备查账，受托加工材料物资备查账等。这些账簿主要记录跨年租赁业务或受托加工业务的会计信息，为便于管理，该类账簿可以连续使用。

（4）债权债务明细账（也称为往来明细账）。一些单位债权债务较多，如果更换一次新账，抄写一遍的工作量较大，可以跨年使用，不必每年更换。但是，如果债权债务尚未结算的部分较少，单位应及时将未结算的债权债务转入下年新设"债权债务明细账"中。

二、过账方法

在更换新账时，应将各账户的余额结转到新账簿第一行的余额栏内，并注明方向，同时，在摘要栏内注明"上年结转"字样。

（一）总账过账

总账根据所开账户往年登记经济业务量的大小，保留足够数量用以登记经济业务的页码，逐一开设账户，建立新账。对于所开账户，将上年该账户的余额，直接抄入新账户所开第一页的首行，也就是直接"过账"。同时，在摘要栏内注明"上年结转"或"年初余额"字样，不必填制记账凭证。所开账户较多的单位，在所开各个账户首页的上面贴上"口取纸"，注明所开账户名称（会计科目），便于使用者翻阅。

（二）日记账过账

日记账将现金日记账和银行存款日记账上年末的期末余额作为本年期初余额直接登记在新账的首页第一行。"日期"栏内，写上"1 月 1 日"；"摘要"栏内写上"上年结转"或"期初余额"字样；将现金实有数或上年末银行存款账面数填在"余额"栏内。与建新总账一样，也不必填制记账凭证。

（三）三栏式明细账过账

对于这类账簿，上年末结出余额，本年按明细建账。在账页相应栏次如"日期""摘要""借或贷"及"余额"等的空白第一行分别填上："1 月 1 日"、"上年结转"、"借（或贷）""金额"等。三栏式明细账账簿明细项目较多的单位，应在所开各个明细账户首页的上面贴上"口取纸"，注明所开明细账户名称（明细会计科目），便于使用者翻阅。

（四）收入、费用明细账过账

对于该类账簿，各单位可以根据单位实际经济业务情况开设。收入、支出（费用）业务较多的单位，可分别开设"收入明细账"和"支出明细账"（或"费用明细账"）等。对于一些某项收入或费用较多的单位，也可以对某项收入或费用单设账簿。如"营业收入明细账""费用明细账""制造费用明细账"等各种损益类账簿。收入费用明细账账簿明细项目较多的单位，也应在所开各个明细账户首页的上面贴上"口取纸"，注明所开明细账户名称（明细会计科目），便于使用者翻阅。

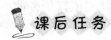 **课后任务**

实训项目任务书

实训班级		实训小组		实训姓名		
实训时间		实训项目				
实训建议	1. 明确年初建账的意义及与新企业建账有何不同					
	2. 明确哪些账簿需要重建					
	3. 哪些账簿无须重建					
	4. 重建中需要注意事项					
实训步骤	1. 年初需要重建的账簿	(1) 总账				
		(2) 明细账				
		(3) 日记账				
		(4) 备查账				
	2. 哪些账簿可跨年使用	(1)				
		(2)				
		(3)				
自我评价	年初建账的种类	优（ ）	（ ）良	（ ）及格	不及格（ ）	备注
	如何建账	优（ ）	（ ）良	（ ）及格	不及格（ ）	备注
组长评价						
教师评价						

任务二 2014年1月日常经济业务处理

任务描述

在经过 2013 年 11 月、12 月两个月实训学习的基础上，会计业务实训流程已经较为熟悉，会计核算方法应用也较为熟练，为进一步开展实训夯实了基础，但独立分析问题、处理问题的能力还很欠缺。新的会计年度开始，1月经济业务实训工作量及实训难度较12月有所加大，为进一步提高业务能力提供了实训空间。本实训主要是进一步提高对原始凭证进行分析解读的能力，敏锐捕捉经济业务的发生规律，熟练确定会计分录，在填制记账凭证、登记日记账、明细账、总账等会计技能方面，如会计字书写、错误更正等得到提升。

任务准备

1. 2014年1月经济业务的原始凭证；
2. 实训耗材；
3. 实训工具。

任务指导

一、业务处理步骤

1月会计业务处理步骤与11月、12月相同，无须改变，即：

（1）解析原始凭证；

（2）填制与审核记账凭证；

（3）登记日记账与明细账；

（4）登记总账。

二、新增业务说明

较12月本月又增加了6笔业务，业务难度有所增大。

（1）业务8为购进固定资产业务，注意比较和库存商品购进处理的异同。

（2）业务19为出租固定资产业务，出租固定资产划分为融资性出租和经营性出租，要分清本业务出租的性质。

（3）业务25为接受外部投资业务，投资的形式多种多样，会计处理不尽相同。要注意本业务投入的形式，再考虑如何处理。

（4）业务33为接受捐赠，接受捐赠业务不常发生，要注意其使用的账户及账务处理。

（5）业务34为支付职工困难补助，平时也不常发生，应通过"应付职工薪酬"账户核算。

（6）业务38为计提短期借款利息，要考虑本业务何时发生，本金、利率、期限、还息方式需要考虑。

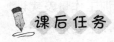 课后任务

实训项目任务书

实训班级		实训小组		实训姓名		
实训时间		实训项目				
实训建议	1. 规范填制记账凭证					
	2. 规范登记日记账，正确更正错账					
	3. 规范登记明细账，正确更正错账					
	4. 规范登记总账，正确更正错账					
实训步骤	1. 解析原始凭证	(1) 摘要				
		(2) 经济业务内容				
		(3) 会计分录				
	2. 填制记账凭证	(1) 选择记账凭证				
		(2) 记账凭证填制要求				
		(3) 记账凭证规范审核				
	3. 建明细账	(1) 债权债务明细账				
		(2) 数量金额明细账				
		(3) 成本费用明细账				
	4. 登记总账	(1) 登账要求				
		(2) 错账更正				
自我评价	解析原始凭证	优（　）	（　）良	（　）及格	不及格（　）	备注
	填制记账凭证	优（　）	（　）良	（　）及格	不及格（　）	备注
	登记日记账	优（　）	（　）良	（　）及格	不及格（　）	备注
	登记明细账	优（　）	（　）良	（　）及格	不及格（　）	备注
	登记总账	优（　）	（　）良	（　）及格	不及格（　）	备注
组长评价						
教师评价						

任务三　2014年1月期末常规工作

任务描述

　　2013年11月、12月期末的相关工作及流程已经熟悉，2014年1月末的工作与11月相同。本实训包括月末需要进行的一切常规工作：对账与结账、会计报表的编制、会计档案的整理与装订。

任务准备

　　1.2014年1月经济业务的原始凭证；

　　2.实训耗材；

　　3.实训工具。

任务指导

　　1月末会计实训工作包括月末对账与结账、编制会计报表、整理与装订会计档案等，与2013年11月相同，不再赘述。

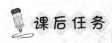 课后任务

实训项目任务书

实训班级		实训小组		实训姓名	
实训时间		实训项目			
实训建议	1. 熟练应用对账与结账方法				
	2. 熟练运用会计报表的编制方法				
	3. 熟练整理会计凭证并整齐美观				
	4. 熟练装订会计凭证并整齐美观				
实训步骤	1. 月末对账	(1) 月末对账的意义			
		(2) 月末对账的程序与方法			
	2. 月末结账	(1) 月末结账程序			
		(2) 月末结账方法			
		(3) 结账效果			
	3. 会计报表编制	(1) 资产负债表编制方法			
		(2) 利润表编制方法			
	4. 会计凭证整理与装订	(1) 整理会计凭证方法			
		(2) 整理会计凭证效果			
		(3) 装订记账凭证的方法			
		(4) 装订会计凭证效果			
自我评价	月末对账与结账	优（ ）	（ ）良	（ ）及格	不及格（ ）	备注
	编制会计报表	优（ ）	（ ）良	（ ）及格	不及格（ ）	备注
	会计凭证整理与装订					
组长评价						
教师评价						

参考文献

[1] 徐俊. 模拟公司财务会计实训 [M]. 北京：高等教育出版社，2012.

[2] 许长华，陈红文. 会计综合模拟实习 [M]. 北京：高等教育出版社，2012.

[3] 许长华，张立国. 会计单项模拟实习 [M]. 北京：高等教育出版社，2011.

附件 2013 年 11 月—2014 年 1 月
经济业务资料[*]

一、2013 年 11 月经济业务资料

1. 1 日，收到宏海商贸有限公司归还前欠货款 68 500 元。

2. 2 日，接受南山有限公司投入的货币资金 210 000 元，存入银行。

3. 3 日，从北京四海有限公司购入型号为 C246 的联想台式电脑 10 台，单价 1 999 元，计价款 19 990 元，增值税 3 398.30 元；商品已验收入库，款项通过信汇支付。

4. 4 日，签发现金支票一张，从银行提取现金 3 000 元备用。

5. 4 日，向石家庄市工行新华水源借入为期 3 个月的流动资金周转贷款 60 000 元，年利率为 6%，存入银行。

6. 4 日，从北京四海有限公司购入型号为 A390－S322 的联想手机 5 部，单价 400 元，计价款 2 000 元，增值税 340 元，款项尚未支付，商品尚未入库。

7. 5 日，销售给东明商贸有限公司型号为 C246 式电脑 8 台，单价 3 998 元，计 31 984 元，增值税 5 437.28 元。收到转账支票一张，送存银行。

8. 6 日，4 日从北京四海有限公司购进的 5 部 A390－S322 的联想手机到达企业，验收无误入库，以信汇支付货款。

9. 9 日，签发转账支票支付创意广告公司广告费 3 500 元。

10. 10 日，发放职工工资 25 000 元（通过银行转入职工个人储蓄账户）。

11. 10 日，业务员张利出差，预借差旅费 2 000 元，以现金付讫。

12. 10 日，以转账支票上交上月的税金及教育费附加共 30 000 元（教育费附加 600 元，城市维护建设税 1 400 元，所得税 6 000 元，增值税 20 000 元）。

13. 13 日，从北京四海有限公司购入型号为 C246 的联想台式电脑 11 台，单价 1 999元，计价款 21 989 元，增值税 3 738.13 元，商品已验收入库，款项通过信汇支付。

14. 17 日，行政部门以现金购买办公用品 800 元。

15. 18 日，销售给东明有限公司型号 C246 联想台式电脑 5 台（上月结存），单价 3 998 元，计价款 19 990 元，增值税 3 398.30 元。收到转账支票一张，送存银行；A390－S322的联想手机 5 部，单价 798 元，计价款 3 990 元，增值税 678.30 元。产品已

---

* 业务相关凭证、表格见活页手册。

发出，已办妥托收手续。

16. 19 日，张利出差回来，报销差旅费 1 800 元，退回现金 200 元。

17. 19 日，将现金 200 元送存银行。

18. 22 日，收到东明商贸有限公司本月 18 日购买 A390－S322 联想手机购货款 4 668.30 元。

19. 24 日，以现金报销行政部门招待费 655 元。

20. 26 日，向宏海商贸有限公司销售 C245 联想台式电脑 5 台、C246 联想台式电脑 5 台，单价均为 3 998 元，计价款 39 980 元，增值税 6 796.60 元；A390－S322 联想手机 5 部，单价 798 元，计价款 3 990 元，增值税 678.30 元。产品已发出，已办妥托收手续。

21. 30 日，分配本月工资，其中行政部门人员工资 10 000 元，业务部门人员工资 15 000 元。

22. 30 日，按职工工资总额的 14% 计提职工福利费。

23. 30 日，按规定计提本月固定资产折旧费 6 788 元，其中公司行政部门 3 500 元，销售部门 3 288 元。

24. 30 日，计算并支付本月应负担的短期借款利息 300 元。

25. 30 日，按本月商品应交纳的增值税，分别按 7% 和 3% 计算商品应交纳的城市维护建设税及教育费附加。

26. 30 日，结转有关损益类账户，计算本月实现利润总额。

27. 30 日，计算并结转本月所得税，税率为 25%（假设无纳税调整事项）。

二、2013 年 12 月经济业务资料

1. 1 日，接受张北有限公司投资的货币资金 150 000 元，存入银行。

2. 2 日，收到宏海商贸有限公司转账支票一张，归还前欠货款 51 444.90 元。

3. 3 日，向建设银行借入为期 3 个月的流动资金周转贷款 30 000 元，年利率为 4%。

4. 3 日，开现金支票提取现金 1 000 元备用。

5. 4 日，从北京四海有限公司购入型号 C246 联想台式电脑 10 台，单价 1 999 元，计价款 19 990 元，增值税 3 398.3 元；商品已验收入库，通过电汇支付货款。

6. 5 日，从北京四海有限公司购入型号 A390—S322 联想手机 5 部，单价 550 元，计价款 2 750 元；增值税 467.50 元，款项尚未支付，商品尚未入库。

7. 5 日，销售给东明有限公司型号 C246 的联想台式电脑 10 台（4 日购入），单价 4 098 元，计价款 40 980 元；增值税 6 966.60 元。收到东明商贸有限公司开出的为期两个月的商业承兑汇票一张，面额为 47 946.60 元。

8. 5 日，业务部王真出差，预借差旅费 1 000 元，以现金付讫。

9. 6 日，以银行存款预付下年度财产保险费 12 000 元。

10. 6 日，从北京四海有限公司购入型号 C246 的联想台式电脑 5 台，单价 1 898 元，计价款 9 490 元；增值税 1 613.30 元。A390—S322 联想手机 5 部，单价 598 元，计价款 2 990 元，增值税 508.30 元。商品已验收入库，开出面额为 14 601.6 元的商业承兑汇票一张，期限为三个月。

11. 6 日，5 日购进的 A390—S322 联想手机到达企业，验收无误入库，通过电汇支付货款。

12. 7 日，通过信汇预付北京四海有限公司货款 3 000 元。

13. 9 日，签发转账支票支付销售商品广告费 2 000 元。

14. 10 日，发放职工工资 25 000 元（通过银行转入职工个人储蓄账户）。

15. 10 日，以转账支票上缴上月的税金及教育费附加，共计 12 076.28 元（教育费附加 285.37 元，城市维护建设税 665.86 元，所得税 1 679.44 元，增值税 9 512.35元）。

16. 12 日，销售给宏海商贸有限公司的 5 部（5 日购入）A390—S322 联想手机，单价 898 元，金额 4 490 元，增值税 763.30 元，收到转账支票一张，价款合计 5 253.30元，存入银行。

17. 12 日，用银行存款支付本月电费 3 000 元，增值税 510 元（增值税率为 17%）。

18. 13 日，用银行存款支付本月水费 2 000 元，增值税 260 元（增值税率为 13%）。

19. 13 日，业务部王真出差回来，报销差旅费 1 470 元，补付现金 470 元。

20. 14 日，从北京四海有限公司购进联想 C246 台式电脑 6 台，单价 1 999 元，金额 11 994 元，增值税 2 038.98 元（已预付北京四海有限公司 3 000 元货款）。货已验收入库，通过信汇，补付余款 11 032.98 元。

21. 15 日，通过石家庄市政府向农村义务教育捐款 10 000 元。

22. 18 日，支付石家庄市工商行政管理局的行政罚款 2 000 元。

23. 20 日，签发现金支票，从银行提取现金 2 000 元备用。

24. 21 日，向东明商贸有限公司销售联想 C246 台式电脑 8 台（期初 3 台，6 日购入 5 台），单价 4 098 元，计 32 784 元，增值税 5 573.28；销售 A390—S322 手机 5 部（5 日购入），单价 898 元，计 4 490 元，增值税 763.30 元。产品已发出，已办妥托收手续。

25. 24 日，以现金报销行政管理部门招待费 305 元。

26. 31 日，分配本月工资，公司行政人员工资 10 000 元，业务人员工资 15 000 元。

27. 31 日，按职工工资总额的 14% 计提职工福利费。

28. 31 日，按规定计提本月固定资产折旧费 6 788 元，其中公司行政部门 3 500 元，业务部门 3 288 元。

29. 31 日，分摊下年度财产保险费 1 000 元。

30. 31 日，分摊电费，行政管理部门耗用 1 000 元，业务部门 2 000 元。

31. 31 日，分摊水费，行政部门耗用 1 500 元，业务部门 500 元。

32. 31 日，收到河北丰硕有限公司损赠款 90 000 元存入银行。

33. 31日，按本月商品应交纳的增值税，分别按7‰和3‰计算产品应缴纳的城市维护建设税及教育费附加。

34. 31日，结转有关损益类账户，计算本月实现利润总额。

35. 31日，计算并结转本月所得税，税率为25%（假设无纳税调整事项）。

36. 31日，结转本年实现的净利润。

37. 31日，按全年实现净利润的10%提取法定公积金。

38. 31日，按税后利润的30%计算应付投资者利润。

39. 31日，将"利润分配"各明细账户余额结转至"利润分配—未分配利润"账户。

三、2014年1月经济业务资料

1. 1日，向工商银行水源支行借入为期6个月的流动资金周转贷款60 000元，年利率为8%。

2. 2日，接受张北有限公司投入的货币资金100 000元，存入银行。

3. 2日，签发现金支票一张，购买办公用品200元。

4. 3日，签发现金支票，从银行提取现金5 000元备用。

5. 3日，收到南山有限公司投资款50 000元。

6. 4日，从北京四海有限责任公司购入型号为C248联想台式电脑18台，单价1 759元，计31 662元，增值税5 382.54元；商品未到，通过信汇支付。

7. 4日，销售给东明商贸有限公司型号为C248的联想台式电脑11台，单价3 788元，计41 668元；增值税7 083.56元，商品已发出，收到东明商贸有限公司开出的为期三个月的商业承兑汇票一张，面额为48 751.56元。

8. 5日，从米氏家具有限公司购入不需要安装的展示柜台一组，价款50 000元，增值税8 500元，转账支票一张，款项以银行存款支付。

9. 5日，通过电汇预付北京四海有限责任公司购货款20 000元。

10. 6日，从北京四海有限责任公司购入联想桌面式C1530多媒体音箱，数量5个，单价135元，共计675元，增值税114.75元；商品已验收入库，通过电汇支付。

11. 6日，4日购进的电脑到达公司，验收无误入库。

12. 7日，以银行存款上交上月的税金及教育费附加共45 000元（教育费附加2 100元，城市维护建设税4 900元，所得税8 000元，增值税30 000元）。

13. 8日，签发转账支票支付商品广告费5 000元。

14. 9日，发放职工工资25 000元（通过银行转入职工个人储蓄账户）。

15. 10日，用银行存款支付本月电费3 000元，其中行政部门1 500元，销售部门1 500元，增值税共计510元（增值税率为17%）。

16. 10日，用银行存款支付本月水费2 000元，其中行政部门1 500元，销售部门500元，增值税共计260元（增值税率为13%）。

17. 11日，销售给新天地有限公司型号为C248的联想台式电脑6台，单价3 200

元，价款 19 200 元，增值税 3 264 元，产品已发出，收到转账支票一张，存入银行。

18. 11 日，从北京四海有限公司购入型号为 A390－S322 联想手机 10 部，单价 459 元，计 4 590 元，增值税 780.30 元，商品已验收入库，货款未付。

19. 12 日，出租展示柜台一组，出租收入为每月 5 000 元，款收到，存入银行。

20. 12 日，以银行存款支付工商行政管理局的行政罚款 2 000 元。

21. 13 日，行政部李军出差回来，10 月出差报销差旅费 2 470 元，退回现金 330 元。

22. 13 日，将现金 330 元送存银行。

23. 14 日，从北京四海有限公司购进 C248 联想台式电脑 15 台，每台单价 1 888 元，计 28 320 元，增值税 4 814.40 元（已预付 20 000 元）。货已验收入库，通过信汇，补付余款 13 134.40 元。

24. 14 日，通过石家庄市政府向农村义务教育捐款 5 000 元。

25. 15 日，经股东会研究决定，接受林森有限公司以 20 台 C248 联想台式电脑投资，价值 40 000 元。

26. 16 日，行政部杜晶晶出差，预借差旅费 2 000 元，以现金付讫。

27. 17 日，以现金购买办公用品 400 元。

28. 18 日，销售给新天地有限公司 C248 联想台式电脑 19 台，单价 3 550 元，价款 67 450 元，增值税 11 466.50 元；A390－S322 联想手机 5 部，单价 780 元，计 3 900 元，增值税 663 元，产品已发出，已办妥托收手续。

29. 21 日，以银行存款偿还 12 日北京四海有限公司购货款 5 370.30 元。

30. 22 日，收到 18 日新天地有限公司电脑购货款 29 484 元。

31. 24 日，以现金报销行政部门招待费 455 元。

32. 25 日，以现金支付销售部门电话费 240 元。

33. 26 日，接受东海有限公司捐赠的办公桌 10 张，票价款为 3 510 元。

34. 28 日，以现金支付本公司职工李和平生活困难补助费 200 元。

35. 31 日，分配职工工资费用 25 000 元，其中公司行政部门人员工资 10 000 元，销售部门人员工资 15 000 元。

36. 31 日，按职工工资总额的 14% 计提职工福利费。

37. 31 日，按规定计提本月固定资产折旧费 6 788 元，其中公司行政部门 3 500 元，销售部门 3 288 元。

38. 31 日，预提本月应负担的短期借款利息 400 元。

39. 31 日，按本月产品应缴纳的增值税，分别按 7% 和 3% 计算产品应缴纳的城市维护建设税及教育费附加。

40. 31 日，结转本月出租展示柜成本 2 000 元。

41. 31 日，结转有关损益类账户，计算本月实现利润总额。

42. 31 日，计算并结转本月所得税，税率为 25%（假设无纳税调整事项）。

43. 31 日，结转本月实现的净利润。